CONTABILIDADE SOCIETÁRIA

SÉRIE GESTÃO FINANCEIRA

EDITORA
intersaberes

Ely Célia Corbari
Marinei Abreu Mattos
Viviane da Costa Freitag

Contabilidade societária

EDITORA intersaberes

Rua Clara Vendramin, 58 . Mossunguê
CEP 81200-170 . Curitiba . PR . Brasil
Fone: (41) 2106-4170
www.intersaberes.com
editora@editoraintersaberes.com.br

Conselho editorial	Dr. Ivo José Both (presidente)
	Drª Elena Godoy
	Dr. Nelson Luís Dias
	Dr. Neri dos Santos
	Dr. Ulf Gregor Baranow
Editora-chefe	Lindsay Azambuja
Supervisora editorial	Ariadne Nunes Wenger
Analista editorial	Ariel Martins
Preparação de originais	Gabriel Plácido Teixeira da Silva
Capa	Stefany Conduta Wrublevski (*design*)
	Photos to GO (imagem)
Projeto gráfico	Raphael Bernadelli
Iconografia	Danielle Scholtz

Foi feito o depósito legal.
1ª edição, 2012.

EDITORA AFILIADA

Dados Internacionais de Catalogação na Publicação (CIP)
(Câmara Brasileira do Livro, SP, Brasil)

Corbari, Ely Célia
  Contabilidade societária / Ely Célia Corbari, Marinei Abreu
Mattos, Viviane da Costa Freitag. – Curitiba: InterSaberes, 2012. –
(Série Gestão Financeira).
  Bibliografia.
  ISBN 978-85-8212-358-4

  1. Empresas – Contabilidade 2. Sociedades anônimas –
Contabilidade I. Mattos, Marinei Abreu. II. Freitag, Viviane da Costa.
III. Título. IV. Série.

12-09088   CDD-657.92

Índices para catálogo sistemático:
1. Contabilidade societária 657.92

Informamos que é de inteira
responsabilidade das autoras a
emissão de conceitos.

Nenhuma parte desta publicação poderá
ser reproduzida por qualquer meio
ou forma sem a prévia autorização da
Editora InterSaberes.

A violação dos direitos autorais é crime
estabelecido na Lei n. 9.610/1998 e
punido pelo art. 184 do Código Penal.

Sumário

Apresentação • 7

Como aproveitar ao máximo este livro • 9

1
Princípios de contabilidade • 13

1.1 Breve histórico do desenvolvimento dos princípios contábeis • 16

1.2 Princípios contábeis • 17

2
Demonstrações contábeis: Balanço Patrimonial (BP) e Demonstração do Resultado do Exercício (DRE) • 23

2.1 Balanço Patrimonial (BP) • 26

2.2 Demonstração do Resultado do Exercício (DRE) • 31

3
Demonstrações contábeis: Demonstração dos Lucros e Prejuízos Acumulados (DLPA) e Demonstração de Mutações do Patrimônio Líquido (DMPL) • 39

3.1 Contas do Patrimônio Líquido • 41

3.2 Demonstração dos Lucros e Prejuízos Acumulados (DLPA) • 43

3.3 Demonstração de Mutações do Patrimônio Líquido (DMPL) • 44

4

Demonstrações contábeis: Demonstração dos Fluxos de Caixa (DFC) e Demonstração do Valor Adicionado (DVA) • 51

4.1 Demonstração dos Fluxos de Caixa (DFC) • 53
4.2 Demonstração do Valor Adicionado (DVA) • 63

5

Contabilizações especiais • 75

5.1 Ativos intangíveis • 77
5.2 Ativos diferidos: novo tratamento • 79
5.3 Valor justo (*fair value*) • 80
5.4 Ajuste a Valor Presente (AVP) • 81
5.5 Redução do valor recuperável de ativos • 82

6

Parecer dos auditores independentes, relatório da administração e notas explicativas • 89

6.1 Parecer da auditoria • 91
6.2 Relatório da administração • 94
6.3 Notas explicativas • 97

Para concluir... • 105

Lista de siglas • 107

Referências • 109

Respostas • 115

Sobre as autoras • 119

Apresentação

As alterações provocadas pelas Leis nº 11.638/2007 e nº 11.941/2009 trouxeram profundas mudanças na Lei nº 6.404/1976 (Lei das Sociedades por Ações), na busca pela harmonização das normas contábeis brasileiras aos padrões internacionais de contabilidade. A convergência aos padrões internacionais visa aumentar o grau de transparência das demonstrações financeiras, eliminando-se as formas distintas e diferenciadas de registros contábeis e, com isso, facilitar a análise dos investidores internacionais.

Porém, para inserir as empresas brasileiras no processo de convergência contábil internacional, é necessário muito mais do que a alteração na legislação; é necessário, ainda, a emissão de normas contábeis alinhadas aos padrões internacionais. O Comitê de Pronunciamentos Contábeis (CPC), órgão composto por representantes de diversos setores da economia brasileira, passou a emitir os pronunciamentos sobre procedimentos de contabilidade e a divulgação de informações contábeis considerando a convergência da contabilidade brasileira a esses padrões.

Por isso, este livro está estruturado em seis capítulos, que levam em conta as alterações provocadas pelas referidas leis e pelos pronunciamentos do CPC, constituindo-se, assim, em uma obra atualizada e voltada para o seu aprimoramento profissional e acadêmico. Ao final de cada capítulo, você encontrará exercícios resolvidos que contribuirão para o seu aprendizado dos temas tratados.

No Capítulo 1, trataremos dos princípios contábeis, examinando a origem e a estrutura atual de tais conceitos e levando em consideração os órgãos que se manifestam sobre o tema no Brasil.

No Capítulo 2, explicaremos o conceito de *demonstrações contábeis*. Começaremos por apresentar o Balanço Patrimonial e a Demonstração do Resultado do Exercício, descrevendo sua composição e estrutura e focando nas alterações provocadas pelas Leis nº 11.638/2007 e nº 11.941/2009.

Nos Capítulos 3 e 4, continuaremos nossa abordagem das demonstrações contábeis focando nas principais demonstrações emitidas a partir da estrutura do Balanço Patrimonial e da Demonstração do Resultado do Exercício: a Demonstração dos Lucros e Prejuízos Acumulados (DLPA), a Demonstração de Mutações do Patrimônio Líquido (DMPL), a Demonstração dos Fluxos de Caixa (DFC) e a Demonstração do Valor Adicionado (DVA). A DLPA trata das modificações ocorridas na conta Lucros ou prejuízos acumulados. A DMPL, por sua vez, visa apresentar as modificações ocorridas no Patrimônio Líquido da empresa, a DFC traz os fluxos de caixa de uma empresa, que é um dos principais indicadores de saúde empresarial, e a DVA apresenta a criação do valor adicionado e a sua distribuição àqueles que contribuíram para sua geração.

No Capítulo 5, por sua vez, vamos apresentar algumas alterações que exibem um maior impacto nas demonstrações contábeis, a exemplo do ativo intangível, do ativo diferido e, ainda, dos reflexos do valor justo, do valor presente e do valor recuperável nos demonstrativos contábeis.

No Capítulo 6, atentaremos às Notas Explicativas, ao Parecer dos Auditores Independentes e ao Relatório de Administração, que são evidenciações obrigatórias para as empresas classificadas como sociedades anônimas e que complementam com informações qualitativas os demonstrativos contábeis, acima nomeados, a fim de permitir a transparência e assegurar a integridade dos registros contábeis aos usuários externos.

Como aproveitar ao máximo este livro

Este livro traz alguns recursos que visam enriquecer o seu aprendizado, facilitar a compreensão dos conteúdos e tornar a leitura mais dinâmica. São ferramentas projetadas de acorso com a natureza dos temas que vamos examinar. Veja a seguir como esses recursos se encontram distribuídos no decorrer desta obra.

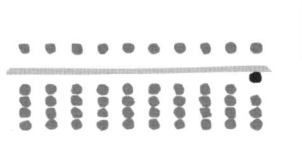

Logo na abertura do capítulo, você fica conhecendo os conteúdos que serão nele abordados.

Conteúdos do capítulo:
- Princípios fundamentais de contabilidade ou princípios geralmente aceitos de contabilidade.
- Conceitos de contabilidade.
- Órgãos responsáveis.

Após o estudo deste capítulo, você será capaz de:
1. compreender a origem dos conceitos denominados *princípios de contabilidade*;
2. conhecer os princípios de contabilidade;
3. observar as aplicações desses princípios no cotidiano das empresas.

Exercícios resolvidos

1. Existem casos em que os registros de certos fatos contábeis, considerados irrelevantes, não devem ser objeto de escrituração individual, por apresentarem valores irrisórios. De onde provém essa interpretação?

   Solução:

   Essa interpretação provém do princípio da materialidade, pois o princípio analisa a informação por meio do binômio *custo x benefício*. Assim, se o custo em levantar tal situação não representar vantagem para a empresa, não se perderá tempo nessa atividade.

2. A empresa Carisma S/A provisiona os salários dos empregados sempre no último dia de cada mês e efetua o pagamento no dia 5 do mês seguinte. Ao adotar essa técnica, a empresa está atendendo a qual princípio contábil?

   Solução:

   A empresa está atendendo ao princípio da competência, pois o fato gerador da despesa já incorreu e deverá constar no resultado do exercício daquele mês. Os valores que não foram desembolsados tornam-se uma obrigação da empresa e deverão ser lançados nas exigibilidades.

3. A comparação dos relatórios contábeis de uma mesma entidade não é prejudicada graças a qual princípio?

   Solução:

   Ao princípio da consistência, que reza que os registros devem ser uniformes nos procedimentos, de forma a permitir o estudo preditivo.

> A obra conta também com exercícios seguidos da resolução feita pelas próprias autoras, com o objetivo de demonstrar, na prática, a aplicação dos conceitos examinados.

Questões para revisão

1. Qual princípio contábil faz referência à uniformização dos registros por meio da moeda corrente do país?
2. Uma diferença nos registros de estoques exaustivamente procurada. Por quê?

CMV = Estoque inicial + (Compras − ICMS) − Estoque final
CMV = 10.000,00 + 48.400,00 − 19.360,00
CMV = 39.040,00

Demonstração do Resultado do Exercício	
(=) Receita bruta de vendas (35.000,00 + 19.000,00 + 22.000,00 + 18.900,00)	94.900,00
(-) ICMS sobre vendas (12% x 94.900,00)	(11.388,00)
(=) Receita de líquida de vendas	85.512,00
(-) CMV	(39.040,00)
(=) Lucro operacional bruto	**44.472,00**
Desconto obtido no pagamento da dívida	2.250,00
Desconto concedido no recebimento do título	(850,00)
(=) Lucro operacional	45.872,00
(-) Prejuízo na venda de imobilizado	(500,00)
(=) Lucro líquido	**45.372,00**

Nessa situação, só podemos elaborar a DRE após levantar o CMV − Custo da Mercadoria Vendida.

Questões para revisão

1. O que é balanço patrimonial?
2. Como serão dispostas as contas no ativo?
3. Qual o objetivo da DRE?
4. Qual o princípio de contabilidade que está intimamente ligado à demonstração de resultado?

Para saber mais

A respeito da apresentação das demonstrações contábeis, veja:
BRASIL. Lei n. 11.638, de 28 de dezembro de 2007. **Diário Oficial da União**, Brasília, DF, 28 dez. 2007. Disponível em: <http://www.planalto.gov.br/ccivil_03/_Ato2007-2010/2007/Lei/L11638.htm#art1>. Acesso em: 1º jun. 2010.

> Com essas atividades, você tem a possibilidade de rever os principais conceitos analisados. Ao final do livro, as autoras disponibilizam as respostas às questões, a fim de que você possa verificar como está sua aprendizagem.

3. Qual requisito um conceito deve atender para se tornar um princípio de contabilidade geralmente aceito?

4. Qual é a finalidade dos princípios contábeis?

Para saber mais

Sobre a evolução da estrutura conceitual básica (que inclui os princípios contábeis) no Brasil, leia:

STARKE JUNIOR, P. C.; FREITAG, V. da C.; CROZATTI, J. Ensaio sobre as necessidades informacionais e o desenvolvimento da contabilidade. In: CONVENÇÃO ESTADUAL DOS CONTABILISTAS, 15., 2010, Cascavel, Paraná. **Anais eletrônicos...** Cascavel: Conselho Regional de Contabilidade do Estado do Paraná, 2010. Disponível em: <http://www.crcpr.org.br/eventos/15convencao/trabalhosAprovados/09.pdf>. Acesso em: 1º jun. 2010.

Para ter acesso à Estrutura Conceitual Básica emitida pelo Ibracon, veja:

BRASIL. Ministério da Fazenda. Comissão de Valores Mobiliários. Deliberação n. 29, de 05 de fevereiro de 1986. **Diário Oficial da União**, Brasília, DF, 13 fev. 1986. Disponível em: <http://www.cvm.gov.br/asp/cvmwww/atos/Atos_Redir.asp?Tipo=D&File=\deli\deli029.doc>. Acesso em: 04 nov. 2010.

Para ter acesso na íntegra aos princípios de contabilidade definidos pelo CFC, veja:

CFC – Conselho Federal de Contabilidade. Resolução n. 1.282, de 28 de maio de 2010. **Diário Oficial da União**, Brasília, DF, 02 jun. 2010. Disponível em: <http://www.cfc.org.br/sisweb/sre/docs/RES_1282.doc>. Acesso em: 04 nov. 2010.

> Você pode consultar as obras indicadas nessa seção para aprofundar sua aprendizagem.

reconhecimento no que se refere a produtos fabricação, como é o caso das construções civis [constroem-se prédios com vários andares, podendo-se demorar mais de ano para a entrega de uma obra], da construção de navios [também exige muito tempo], das empresas reflorestadoras [árvores demoram a crescer], da engorda de gado, e assim por diante. Nesses casos e em outros similares, podemos reconhecer a receita e confrontar a despesa de forma proporcional a etapas físicas ou grau de acabamento do produto ou serviço ou também pelos custos incorridos na produção até aquele momento. Também constitui um caso especial o reconhecimento da receita depois da transferência do produto, fato que ocorre com alguns produtos, como: loteamentos ou apartamentos financiados diretamente com a construtora. Por se tratar de horizonte de tempo para recebimento relativamente longo [dez, quinze, vinte anos...], é difícil estimar a parcela de recebimentos duvidosos. Nessa condição, é possível reconhecer a receita após o fato gerador.

Síntese

A definição de **princípios norteadores da ciência contábil** surgiu de um longo processo de pesquisa em nível mundial e, no Brasil, é resultado do processo de interferência governamental. Eles constituem a base de toda a prática contábil, pois funcionam como placas sinalizadoras, que orientam o contabilista no processo de registro dos atos e fatos contábeis. Essa orientação geral proporciona uma padronização de procedimentos que nos permite comparar empresas interna ou externamente, ou seja, é possível comparar empresas do mesmo setor e porte, bem como comparar o desempenho dessa empresa num horizonte de tempo.

Os princípios atendem ao requisito de serem úteis, praticáveis e objetivos.

São vigentes no Brasil os princípios contábeis divulgados pelo CFC e pelo Ibracon, que são órgãos de classe. Os conceitos apresentados por esses órgãos trazem poucas diferenças, sendo a mais perceptível a questão da hierarquização em **postulados**, **princípios** e **convenções**, a qual é utilizada pelo Ibracon.

> Você dispõe, ao final do capítulo, de uma síntese que traz os principais conceitos nele abordados.

Princípios de contabilidade

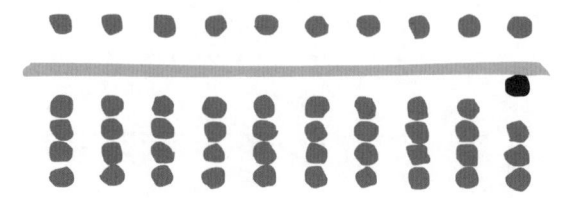

Conteúdos do capítulo:

- Princípios fundamentais de contabilidade ou princípios geralmente aceitos de contabilidade.
- Conceitos de contabilidade.
- Órgãos responsáveis.

Após o estudo deste capítulo, você será capaz de:

1. compreender a origem dos conceitos denominados *princípios de contabilidade*;
2. conhecer os princípios de contabilidade;
3. observar as aplicações desses princípios no cotidiano das empresas.

A contabilidade é uma ciência social e, como tal, tem seu desenvolvimento fundamentado na evolução da sociedade. Nesse sentido, podemos observar que, à medida que as organizações evoluem, também aumenta a complexidade das transações e operações que desenvolvem, bem como a gama de usuários com que a contabilidade interage.

Hendriksen e Van Breda (1999, p. 511) afirmam que, para ser possível atingir um nível de informação apropriada, deve-se responder a três perguntas fundamentais, a saber:

- A quem deve ser divulgada a informação?
- Qual é a finalidade da informação?
- Quanta informação deve ser divulgada?

Assim, para conseguirmos responder à terceira pergunta, é necessário recorrer às duas primeiras, o que nos leva a definir qual é o usuário contábil e qual é sua necessidade de informação. Como a gama de usuários da contabilidade é enorme e cada grupo possui necessidades peculiares de informação, para a contabilidade é difícil atender a todos esses grupos. Como resposta a esse problema, apresenta-se a padronização dos informes contábeis.

1.1 Breve histórico do desenvolvimento dos princípios contábeis

De acordo com Franco (1988, p. 35), foi nos Estados Unidos da América que pela primeira vez se usou a expressão *princípios de contabilidade geralmente aceitos*. Também foi lá que se iniciaram as primeiras pesquisas no sentido da formulação de conceitos básicos e da identificação dos princípios contábeis.

No Brasil, em termos de iniciativa de pesquisadores, destaca-se que, em 1930, João Luiz dos Santos (citado por Starke Junior, Freitag e Crozatti, 2010, p. 16) publica uma obra com o enunciado de dois princípios contábeis: o da **continuidade**, que também envolvia o conceito de periodicidade, e o da **regularização** ou **competência**. Essa obra indica que pesquisadores brasileiros também buscavam sustentação para o conjunto de regras.

Outro ponto relevante a ser destacado em relação aos princípios de contabilidade no Brasil é a forte interferência governamental, influência esta originada de sua tradição legal.

É por conta dos novos cenários econômicos, com transações internacionais cada vez mais frequentes, bem como os altos custos de conversão dessas demonstrações, que ocorreram as reformas na Lei das Sociedades por Ações[1], fazendo a contabilidade brasileira migrar de uma modelagem anglo-saxônica para uma internacional com orientação europeia. Essas reformas já refletiram na adoção dos princípios contábeis brasileiros com a revogação da Deliberação nº 29/1986 da Comissão de Valores Mobiliários (CVM), a qual continha a estrutura conceitual básica da contabilidade, englobando os princípios contábeis.

---

1 Para mais informações, acesse o *site*: <http://www.planalto.gov.br/ccivil_03/Leis/L6404consol.htm>. Acesso em: 10 jan. 2011.

A busca por princípios norteadores da ciência contábil surgiu de um longo processo de pesquisa em nível mundial. No Brasil, os princípios são resultados do processo de interferência governamental na contabilidade.

Quadro 1.1 – Resumo das orientações e normativos a respeito dos princípios contábeis no Brasil

Ano	Órgão	Condição
1985	Ibracon – Norma e Procedimento de Contabilidade	Vigente
1986	CVM – Deliberação nº 29/1986	Revogada
1993	CFC – Resolução nº 750 – Alterada pela Resolução nº 1.282/2010	Vigente

Até agora, pensamos somente nas orientações impositivas dos órgãos de classe. Contudo, não devemos esquecer que os princípios fazem parte de um processo que busca a qualidade da informação contábil, que permite a comparabilidade dos informes por meio da padronização.

1.2 Princípios contábeis

Hendriksen e Van Breda (1999, p. 73-77) definem a palavra *princípio* como aquilo que é básico e que é apresentado de forma hierarquizada, como postulados, princípios propriamente ditos e convenções.

Para Franco (1988, p. 14), um **postulado** pode ser definido como "uma proposição admitida com o argumento de que ela possa ser aceita como axiomática; uma hipótese subentendida, que não necessita de comprovação".

Para Iudícibus e Marion (2000, p. 121, grifo nosso), "**convenções** são restrições ou qualificações, que representam o complemento dos postulados e princípios no sentido de delimitar-lhes os conceitos, atribuições e direções a seguir, no trato dos problemas contábeis".

Os postulados são verdades absolutas; já os princípios e as convenções são mutáveis, justamente para acompanhar a sociedade que evolui.

No Brasil, temos dois órgãos de classe que se pronunciam sobre os princípios contábeis: o **Conselho Federal de Contabilidade (CFC)** e o **Instituto dos Auditores Independentes do Brasil (Ibracon)**. A diferença principal está no tratamento de forma hierarquizada dos conceitos. Com isso, a aplicação prática desses conceitos não traz prejuízo de entendimento aos contabilistas.

Quadro 1.2 – Postulados, princípios e convenções da contabilidade

Conceito	CFC	Ibracon[1]
Entidade	Trata como princípio. O patrimônio da entidade não se confunde com o patrimônio dos sócios. **Entidade** pode ser uma pessoa física ou jurídica que necessite manter controle de seu patrimônio.	Trata como postulado.
Continuidade	Trata como princípio. A empresa irá manter suas atividades por tempo indeterminado.	Trata como postulado.
Registro pelo valor original	Os ativos e os passivos devem ser registrados a valor de entrada, ou seja, a seu custo de aquisição ou equivalente, em moeda corrente do país. Uma vez incorporados no patrimônio, os elementos patrimoniais podem sofrer variações decorrentes de avaliações a: custo corrente; valor realizável; valor presente; valor justo; atualização monetária.	Trata como princípio do custo como base de valor e princípio do denominador comum monetário. Ainda não traz essa definição de possibilidades de reconhecimento decorrentes de outros critérios de avaliação.
Competência	Receitas devem ser reconhecidas no momento de seu fato gerador, que se dá na transferência do produto ou serviço ao cliente. As despesas devem ser reconhecidas no período contábil em que foram consumidas, o que gera a confrontação das despesas com as receitas.	Trata como princípio da realização da receita e princípio do confronto de despesas.
Prudência	O contabilista não deve antecipar cenários positivos que poderão não se concretizar e, sempre que possível, evidenciar com antecipação qualquer prejuízo ou perda eminente.	Trata esse conceito como convenção do conservadorismo.

[1] Os princípios contábeis definidos pelo Ibracon foram publicados sob o título de *Estrutura conceitual básica da contabilidade*, como anexo à Deliberação nº 29/1986 da CVM.

(*continua*)

(Quadro 1.2 – conclusão)

Oportunidade	Trata da tempestividade e integridade dos registros. A informação tem prazo de validade e deve ser reconhecida em sua plenitude.	Não contempla.
Materialidade	Não contempla.	Convenção da materialidade: tudo o que tiver importância deverá ser informado pela contabilidade. A informação é observada pelo ângulo **custo x benefício**.
Objetividade	Não contempla.	Convenção da objetividade: em procedimentos igualmente tratados como válidos pelos princípios, os registros deverão ser realizados da forma mais objetiva possível, apoiados em documentação ou laudos de peritos, entre outras modalidades passíveis de verificação.
Consistência ou uniformidade	Não contempla.	Convenção da consistência: os relatórios contábeis devem ser uniformes, permitindo ao usuário traçar cenários e tendências.

Os princípios contábeis funcionam como setas de direção, que orientam os procedimentos na tarefa mais elementar da contabilidade, que é o registro dos atos e fatos da entidade. Os registros são a base de toda a informação que será gerada para os usuários, e a qualidade de todos os informes gerados se dá pela correta alocação desses registros.

Os princípios foram identificados pelos pesquisadores entre procedimentos já consagrados que possuíam as características de serem úteis e objetivos. Em países como o Brasil, em que a contabilidade sofre grande influência governamental, ocorre a intervenção por meio de normativos como a Deliberação nº 29/1986 da CVM. Contudo, devido ao fato de o novo direcionamento da Lei das Sociedades por Ações seguir uma orientação internacional, essa intervenção foi "cedida" à autorregulação dos órgãos de classe, do CFC e do Ibracon, que anteriormente a essa decisão já se manifestavam sobre o tema.

> *Quanto ao princípio da competência, como devem ser reconhecidas as receitas ou despesas em produtos cujo processo de criação seja de longo prazo?*

Existem casos especiais de reconhecimento no que se refere a produtos que exigem longo período de fabricação, como é o caso das construções civis [constroem-se prédios com vários andares, podendo-se demorar mais de ano para a entrega de uma obra], da construção de navios [também exige muito tempo], das empresas reflorestadoras [árvores demoram a crescer], da engorda de gado, e assim por diante. Nesses casos e em outros similares, podemos reconhecer a receita e confrontar a despesa de forma proporcional a etapas físicas ou grau de acabamento do produto ou serviço ou também pelos custos incorridos na produção até aquele momento. Também constitui um caso especial o reconhecimento da receita depois da transferência do produto, fato que ocorre com alguns produtos, como: loteamentos ou apartamentos financiados diretamente com a construtora. Por se tratar de horizonte de tempo para recebimento relativamente longo [dez, quinze, vinte anos...], é difícil estimar a parcela de recebimentos duvidosos. Nessa condição, é possível reconhecer a receita após o fato gerador.

Síntese

A definição de **princípios norteadores da ciência contábil** surgiu de um longo processo de pesquisa em nível mundial e, no Brasil, é resultado do processo de interferência governamental. Eles constituem a base de toda a prática contábil, pois funcionam como placas sinalizadoras, que orientam o contabilista no processo de registro dos atos e fatos contábeis. Essa orientação geral proporciona uma padronização de procedimentos que nos permite comparar empresas interna ou externamente, ou seja, é possível comparar empresas do mesmo setor e porte, bem como comparar o desempenho dessa empresa num horizonte de tempo.

Os princípios atendem ao requisito de serem úteis, praticáveis e objetivos.

São vigentes no Brasil os princípios contábeis divulgados pelo CFC e pelo Ibracon, que são órgãos de classe. Os conceitos apresentados por esses órgãos trazem poucas diferenças, sendo a mais perceptível a questão da hierarquização em **postulados, princípios** e **convenções**, a qual é utilizada pelo Ibracon.

Exercícios resolvidos

1. Existem casos em que os registros de certos fatos contábeis, considerados irrelevantes, não devem ser objeto de escrituração individual, por apresentarem valores irrisórios. De onde provém essa interpretação?

Solução:

Essa interpretação provém do princípio da materialidade, pois o princípio analisa a informação por meio do binômio *custo x benefício*. Assim, se o custo em levantar tal situação não representar vantagem para a empresa, não se perderá tempo nessa atividade.

2. A empresa Carisma S/A provisiona os salários dos empregados sempre no último dia de cada mês e efetua o pagamento no dia 5 do mês seguinte. Ao adotar essa técnica, a empresa está atendendo a qual princípio contábil?

Solução:

A empresa está atendendo ao princípio da competência, pois o fato gerador da despesa já incorreu e deverá constar no resultado do exercício daquele mês. Os valores que não foram desembolsados tornam-se uma obrigação da empresa e deverão ser lançados nas exigibilidades.

3. A comparação dos relatórios contábeis de uma mesma entidade não é prejudicada graças a qual princípio?

Solução:

Ao princípio da consistência, que reza que os registros devem ser uniformes nos procedimentos, de forma a permitir o estudo preditivo.

Questões para revisão

1. Qual princípio contábil faz referência à uniformização dos registros por meio da moeda corrente do país?

2. Uma diferença nos registros de estoques de valor irrisório não deve ser exaustivamente procurada. Por quê?

3. Qual requisito um conceito deve atender para se tornar um princípio de contabilidade geralmente aceito?

4. Qual é a finalidade dos princípios contábeis?

Para saber mais

Sobre a evolução da estrutura conceitual básica (que inclui os princípios contábeis) no Brasil, leia:

STARKE JUNIOR, P. C.; FREITAG, V. da C.; CROZATTI, J. Ensaio sobre as necessidades informacionais e o desenvolvimento da contabilidade. In: CONVENÇÃO ESTADUAL DOS CONTABILISTAS, 15., 2010, Cascavel, Paraná. **Anais eletrônicos...** Cascavel: Conselho Regional de Contabilidade do Estado do Paraná, 2010. Disponível em: <http://www.crcpr.org.br/eventos/15convencao/trabalhosAprovados/09.pdf>. Acesso em: 1º jun. 2010.

Para ter acesso à Estrutura Conceitual Básica emitida pelo Ibracon, veja:

BRASIL. Ministério da Fazenda. Comissão de Valores Mobiliários. Deliberação n. 29, de 05 de fevereiro de 1986. **Diário Oficial da União**, Brasília, DF, 13 fev. 1986. Disponível em: <http://www.cvm.gov.br/asp/cvmwww/atos/Atos_Redir.asp?Tipo=D&File=\deli\deli029.doc>. Acesso em: 04 nov. 2010.

Para ter acesso na íntegra aos princípios de contabilidade definidos pelo CFC, veja:

CFC – Conselho Federal de Contabilidade. Resolução n. 1.282, de 28 de maio de 2010. **Diário Oficial da União**, Brasília, DF, 02 jun. 2010. Disponível em: <http://www.cfc.org.br/sisweb/sre/docs/RES_1282.doc>. Acesso em: 04 nov. 2010.

Demonstrações contábeis: Balanço Patrimonial (BP) e Demonstração do Resultado do Exercício (DRE)

2

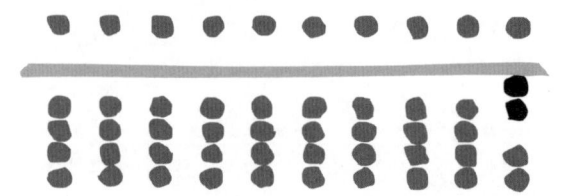

Conteúdos do capítulo:

- Aspectos gerais das demonstrações contábeis.
- Leis nº 11.638/2007 e nº 11.941/2009.
- Conceito e estrutura do Balanço Patrimonial (BP).
- Conceito e estrutura da Demonstração do Resultado do Exercício (DRE).

Após o estudo deste capítulo, você será capaz de:

1. compreender como ocorre a elaboração do BP e da DRE;
2. entender o conceito e o objetivo do BP e da DRE;
3. identificar a estrutura do BP e da DRE;
4. elaborar o BP e a DRE.

𝒪s demonstrativos contábeis são utilizados pela contabilidade como meio de comunicação com seus diversos níveis de usuários.

❧ *Quem são os usuários da contabilidade?*

São pessoas físicas ou jurídicas que utilizam, de forma direta ou indireta, as informações fornecidas pela contabilidade, pois ela comunica-se com seus usuários por meio das demonstrações contábeis.

Para Iudícibus e Marion (2007, p. 159), os demonstrativos contábeis representam:

> a exposição resumida e ordenada dos principais fatos registrados pela contabilidade em determinado período. Os demonstrativos são produzidos pela contabilidade por meio do controle da escrituração contábil, a escrituração contábil registra as movimentações patrimoniais que ocorrem nas entidades, a técnica utilizada pela contabilidade para registro destas movimentações é conhecida como "método das partidas dobradas". O método das partidas dobradas em nosso entendimento consiste na técnica de registro onde todo débito possui um ou mais créditos de igual valor (e vice-versa).

O Pronunciamento Técnico nº 26 do Comitê de Pronunciamentos Contábeis (CPC-26), aprovado pela Deliberação nº 595/2009 da CVM, apresenta as diretrizes para apresentação das demonstrações contábeis e define:

As demonstrações contábeis são uma representação estruturada da posição patrimonial e financeira e do desempenho da entidade. O objetivo das demonstrações contábeis é o de proporcionar informação acerca da posição patrimonial e financeira, do desempenho e dos fluxos de caixa da entidade que seja útil a um grande número de usuários em suas avaliações e tomada de decisões econômicas. As demonstrações contábeis também objetivam apresentar os resultados da atuação da administração na gestão da entidade e sua capacitação na prestação de contas quanto aos recursos que lhe foram confiados.

Assim, as demonstrações contábeis são peças importantes para a tomada de decisão dos gestores das entidades. É por meio desses relatórios que os usuários das informações contábeis se orientam para tomar suas decisões.

2.1 Balanço Patrimonial (BP)

Primeiramente, vamos entender de onde vem o nome *Balanço Patrimonial (BP)*. A expressão *balanço* tem origem no significado da palavra *balança*, que busca o equilíbrio, transferindo para a realidade da contabilidade o equilíbrio entre as contas que compõem a fórmula:

Ativo = Passivo + Patrimônio Líquido

A expressão *patrimonial* vem de *patrimônio*, que designa os bens de herança paterna e os bens de família, entre outros. Buscando o significado em contabilidade, trata-se do conjunto de bens, direitos e obrigações que compõem esse patrimônio.

O BP é a principal demonstração contábil e apresenta tanto as informações patrimoniais quanto as financeiras das entidades em determinado momento. O BP é uma demonstração sintética e estática, pois as contas compreendem o somatório de outras de mesma natureza, por exemplo, os fornecedores, que se apresentam reunidos na mesma conta contábil, embora sejam diversos. Os dados são considerados estáticos no sentido de que representam uma situação, em determinado momento da entidade, que pode ter sido alterada no momento da análise do balanço devido à própria dinâmica patrimonial.

O BP é composto por três grandes grupos: **ativo, passivo** e **patrimônio líquido**. O grupo do ativo é composto pelos bens e direitos e engloba as aplicações dos recursos à disposição da empresa. O grupo do passivo representa as obrigações assumidas pela entidade, ou seja, representa as origens dos recursos. O grupo do patrimônio líquido representa inicialmente o valor investido pelos sócios no momento da abertura da empresa e, em momento seguinte, representa os valores que em última instância pertencerão aos sócios, nesse caso incluindo, além do capital inicial, as reservas.

Cabe observarmos que as contas do lado esquerdo do BP também são reconhecidas como **aplicação de recursos**, e as contas do lado direito são reconhecidas como **origem de recursos**.

| *Origem e aplicação de recursos – o que é isso?*

O lado do ativo é conhecido como aplicação de recursos, pois os recursos captados pela empresa são investidos no lado do ativo.

O grupo do passivo, que representa as origens dos recursos, devido a sua natureza é reconhecido como capital de terceiros.

O grupo do patrimônio líquido, devido à origem das contas, é reconhecido como capital próprio.

2.1.1 Estrutura do Balanço Patrimonial

Como comentamos anteriormente, o BP é elaborado e estruturado seguindo as normas vigentes no país. Interfere nessa estrutura a Lei nº 6.404/1976, alterada pelas Leis nº 11.638/2007 e nº 11.941/2009. As referidas leis provocaram as seguintes alterações no BP:

Quadro 2.1 – Alterações na estrutura do Balanço Patrimonial

ATIVO		
Lei nº 6.404/1976	**Lei nº 11.638/2007**	**Lei nº 11.941/2009**
Circulante	Circulante	Circulante
Realizável a Longo Prazo	Realizável a Longo Prazo	Não Circulante
Permanente	Permanente	• Realizável a Longo Prazo
• Investimentos	• Investimentos	• Investimentos
• Imobilizado	• Imobilizado	• Imobilizado
• Diferido	• Intangível	• Intangível
	• Diferido	

(*continua*)

(*Quadro 2.1 – conclusão*)

PASSIVO		
Circulante Exigível a Longo Prazo Resultado de Exercício Futuro Patrimônio Líquido • Capital Social • Reservas de Capital • Reservas de Reavaliação • Reservas de Lucros • Lucros e Prejuízos Acumulados	Circulante Exigível a Longo Prazo Resultado de Exercício Futuro Patrimônio Líquido • Capital Social • Reservas de Capital • Ajustes Aval. Patrimonial • Reservas de Lucros • Ações em Tesouraria • Prejuízos Acumulados	Circulante Não Circulante • Exigível a Longo Prazo • Receitas Diferidas Patrimônio Líquido • Capital Social • Reservas de Capital • Ajustes Aval. Patrimonial • Reservas de Lucros • Ações em Tesouraria • Prejuízos Acumulados

FONTE: Adaptado de Marion, 2009.

No subgrupo **Ativo diferido**, extinto pelas alterações na Lei nº 6.404/1976, eram registradas as despesas pré-operacionais, as despesas com pesquisa e desenvolvimento e os gastos com reestruturação ou reengenharia, que tinham uma natureza "permanente", com possibilidade de geração de fluxos de caixa futuros por longo período de tempo. Após a edição da Lei nº 11.941/2009, as entidades que ainda possuem saldos no **Diferido** têm a opção de deixar esses valores classificados sob essa conta até a sua completa amortização. A discussão aprofundada sobre esse tema será feita no Capítulo 4: "Contabilizações especiais".

A inserção do subgrupo do **Intangível**, mediante a Lei nº 11.638/2007, ocorreu por meio de uma segregação do grupo do **Ativo imobilizado**. Através da alteração da legislação, aqueles direitos que tinham como finalidade a manutenção da atividade operacional das entidades, ou direitos de propriedade industrial ou comercial, fazem parte agora desse novo grupo de contas. Este tema também será discutido de forma mais aprofundada no capítulo 4: Contabilizações especiais.

Embora muitos autores afirmem que o **Resultado de exercício futuro** desapareceu do BP, observa-se que os valores classificados nesse grupo passaram a ser registrados no **Passivo não circulante**, a fim de atender aos requisitos da circularidade das contas passivas, previsto pela nova legislação. As contas passaram a ser registradas no passivo não circulante com a titularidade de **Receitas diferidas**, nas quais devem estar destacados os respectivos custos diferidos.

O grupo das contas pertencentes ao Patrimônio Líquido sofreu importantes alterações. Primeiramente, destacamos a extinção da **Reserva de reavaliação** substituída pelo grupo **Ajustes de avaliação patrimonial**, que tem como objetivo registrar as contrapartidas a menor ou a maior, resultantes de avaliação dos itens do ativo pela aplicação de mensuração por valor justo, enquanto não computadas no resultado do exercício em obediência ao regime de competência (Lei nº 11.941/2009). Outra informação relevante que diz respeito a esse grupo refere-se à conta Lucros acumulados, que deixa de existir. Os lucros auferidos devem ser tratados de agora em diante, ou seja, deve-se dar um destino a eles. Por exemplo: constituição de reservas, aumento de capital ou distribuídos aos sócios na forma de dividendos.

Outra alteração que ocorreu com a conta Lucros acumulados é que ela não cumula mais valores. Esse assunto será tratado mais especificamente no Capítulo 3, Demonstrações contábeis: "Demonstração de Lucros e Prejuízos Acumulados (DLPA) e Demonstração de Mutações do Patrimônio Líquido (DMPL)".

A seguir, apresentaremos um modelo de BP:

Quadro 2.2 – Modelo de Balanço Patrimonial

Balanço Patrimonial	
Ativo	**Passivo**
Ativo Circulante	**Passivo Circulante**
Disponível	**Obrigações Comerciais**
Caixa	Fornecedores
Banco	Títulos a pagar
Aplicação financeira liquidez imediata	Duplicatas a pagar
	Fretes a pagar
Outros Créditos	**Obrigações Tributárias**
ICMS a recuperar	ICMS a recolher
Duplicatas a receber	PIS a recolher
(-) Duplicatas descontadas	Cofins a recolher
(-) Provisão para devedores duvidosos	Taxas a recolher
Outras contas	Contribuições a recolher

(continua)

(Quadro 2.2 – conclusão)

Estoques	Obrigações Sociais Previdenciárias
Mercadorias	Salários a pagar
Materiais de consumo	Provisão de férias
Produtos em elaboração	Provisão de 13º salário
Outras contas	**Outras Obrigações**
Despesas do Exercício Seguinte	Financiamentos a pagar
Prêmios de seguros a apropriar	Aluguéis a pagar
Ativo Não Circulante	**Passivo Não Circulante**
Ativo Realizável a Longo Prazo	**Exigível a Longo Prazo**
Outros Créditos	Financiamentos a pagar
Duplicatas a receber	Duplicatas a pagar
(-) Provisão para devedores duvidosos	**Resultado dos Exercícios Futuros**
Empréstimos a diretores	Receitas diferidas
Investimentos	(-) Custos diferidos
Imóveis para renda	**Patrimônio Líquido**
Obras de arte	Capital social
Ações em outras companhias	Reservas de capital
(-) Provisão para perdas	(+/-) Ajustes de avaliação patrimonial
Imobilizado	Reservas de lucros
Veículos	(-) Ações em tesouraria
Móveis	(-) Prejuízos acumulados
Imóveis	
Máquinas	
Equipamentos	
Jazidas	
(-) Depreciação	
(-) Exaustão	
Intangível	
Fundo de comércio	
Marcas	
Patentes	
Total do Ativo	**Total do Passivo + PL**

No BP, os ativos (bens e direitos) e os passivos (obrigações) devem ser classificados em circulantes e não circulantes. Tendo em vista que as contas do ativo são dispostas em ordem decrescente de grau de liquidez (entende-se por liquidez aquilo que se transforma mais rápido em dinheiro), são registrados no ativo circulante as disponibilidades, os direitos realizáveis no curso do exercício social subsequente e, ainda, as aplicações de recursos em despesas do exercício seguinte. Já no ativo não circulante devem ser registradas aquelas contas cuja liquidez ultrapassa o exercício social subsequente, ou seja, superior a 12 meses.

Da mesma forma, no passivo circulante devem ser registradas todas as obrigações que serão exigíveis no curso do exercício social subsequente, em obediência ao grau de liquidez. No passivo não circulante, serão lançadas as obrigações que ultrapassarem o exercício social subsequente, ou seja, que tiverem vencimento em prazo superior a 12 meses.

2.2 Demonstração do Resultado do Exercício (DRE)

O art. 187 da Lei nº 6.404/1976 instituiu a DRE, que, nos termos do Comitê de Pronunciamentos Contábeis (CPC-26)[1], faz parte dos demonstrativos obrigatórios emitidos pela contabilidade. Embora a DRE seja elaborada anualmente para fins de divulgação, em geral ela é feita mensalmente pela administração e trimestralmente para fins fiscais.

A DRE evidencia a capacidade econômica que a entidade possui de gerar e consumir recursos para a realização de suas operações. Por intermédio desse demonstrativo, podemos constatar o resultado da entidade no período por meio do lucro ou prejuízo.

Para evidenciar o resultado líquido (lucro ou prejuízo), a DRE confronta as receitas, os custos e as despesas apuradas segundo o regime de competência. Sendo assim, a DRE oferece uma síntese dos resultados de uma empresa em um determinado período.

O objetivo da DRE é evidenciar os componentes utilizados pela entidade para formação do resultado em determinado exercício. Tanto a Lei nº 6.404/1976, em seu art. 187, como o CPC-26 disciplinam a matéria quanto à apresentação e à estrutura desse demonstrativo.

---

1 Para mais informações, acesse o site: <http://www.cpc.org.br/pdf/CPC%2026_2010.pdf>. Acesso em: 10 jan. 2011.

2.2.1 Elaboração da DRE

Para uma correta elaboração da DRE, faz-se necessário que ocorra o encerramento das contas de resultado dentro da competência em que ocorreram, em obediência ao princípio da competência, que dispõe que "As receitas e as despesas devem ser incluídas na apuração do resultado do período em que ocorrerem, sempre simultaneamente quando se correlacionarem, independentemente de recebimento ou pagamento." (Resolução nº 750/1993 do CFC).

Com a finalidade transitória, devemos transferir o saldo das contas de resultado para a conta chamada de **Apuração do Resultado do Exercício (ARE)**. Essa conta possibilita identificar o resultado alcançado pela entidade. Após esse procedimento, fica muito simples transferir as informações contidas na ARE para os componentes da DRE.

Síntese

As demonstrações contábeis representam a posição patrimonial e financeira e o desempenho da entidade. O BP e a DRE são as principais demonstrações elaboradas pela contabilidade.

O BP apresenta de forma organizada e padronizada os componentes que compõem o patrimônio de determinada entidade, visando demonstrar a sua situação financeira e patrimonial. Os componentes são apresentados por meio das contas que compõem o patrimônio; estas, por sua vez, são classificadas entre os grupos do ativo, do passivo e do patrimônio líquido. A estrutura das contas dos grupos e dos subgrupos deve atender à Lei nº 11.941/2009. A elaboração da demonstração do BP ocorre por meio da escrituração contábil, que, por sua vez, deve estar totalmente pautada nos princípios contábeis. O BP, nos termos do CPC-26 e da Deliberação nº 595/2009, deve ser apresentado, no mínimo, com periodicidade anual.

A DRE, que evidencia a capacidade de gerar e consumir recursos pela entidade em suas operações, juntamente com o BP, auxilia na elaboração de outros demonstrativos contábeis. Todavia, para sua elaboração, é preciso que alguns conceitos estejam claros, a exemplo dos conceitos de receitas e despesas, que estão intimamente ligados com o princípio da realização da receita e confrontação da despesa. As contas que compõem a DRE são reconhecidas como contas de resultado, que, por sua vez, estão atreladas à competência dos acontecimentos. A DRE deve ser divulgada anualmente.

Exercícios resolvidos

1. A empresa Manso & Papo resolveu contratar você para assumir a contabilidade da empresa. Os proprietários lhe apresentam uma relação de contas (abaixo) e solicitam que seja elaborado o BP da empresa para ser entregue ao gerente do Banco Sópagar. Diante do exposto, qual será o valor do BP da empresa Manso & Papo?

Contas	Valor
Caixa	2.400,00
Fornecedores	13.800,00
Duplicatas a receber	8.700,00
Banco conta movimento	16.520,00
Salários a pagar	11.670,00
Mercadorias	5.600,00
ICMS a recolher	15.500,00
Títulos a receber a longo prazo	2.000,00
PIS a recolher	8.770,00
Financiamentos	20.000,00
Ações de outras companhias	2.500,00
Terrenos	23.500,00
Financiamentos a longo prazo	5.500,00
Edificações	80.000,00
Capital social	84.480,00
Reservas de capital	18.500,00
Ações em tesouraria	3.000,00
Veículos	12.000,00
Instalações	25.000,00
Depreciação acumulada	3.000,00

Solução:

Para desenvolver a solução deste exercício, você deve estar se perguntado qual seria a primeira atitude a ser adotada. Como mencionamos anteriormente, o BP deve ser elaborado ou apresentado por grupos de contas. Dessa forma, a primeira etapa a ser observada com relação às contas é classificá-las conforme o grupo a que pertencem. Assim, as contas foram organizadas da seguinte forma:

Contas	Valor	Classificação
Caixa	2.400,00	Ativo Circulante
Fornecedores	13.800,00	Passivo Circulante
Duplicatas a receber	8.700,00	Ativo Circulante
Banco conta movimento	16.520,00	Ativo Circulante
Salários a pagar	11.670,00	Passivo Circulante
Mercadorias	5.600,00	Ativo Circulante
ICMS a recolher	15.500,00	Passivo Circulante
Títulos a receber a longo prazo	2.000,00	Ativo Não Circulante
PIS a recolher	8.770,00	Passivo Circulante
Financiamentos	20.000,00	Ativo Circulante
Ações de outras companhias	2.500,00	Ativo Não Circulante
Terrenos	23.500,00	Ativo Não Circulante
Financiamentos a longo prazo	5.500,00	Passivo Não Circulante
Edificações	80.000,00	Ativo Não Circulante
Capital social	84.480,00	Patrimônio Líquido
Reservas de capital	18.500,00	Patrimônio Líquido
Ações em tesouraria	3.000,00	Patrimônio Líquido
Veículos	12.000,00	Ativo Não Circulante
Instalações	25.000,00	Ativo Não Circulante
Depreciação acumulada	3.000,00	Ativo Não Circulante

Após a classificação, vamos elaborar o BP, observando também os subgrupos das contas:

Balanço Patrimonial			
Ativo		Passivo	
Ativo Circulante		Passivo Circulante	
Disponível		Exigível	
Caixa	2.400,00	Fornecedores	13.800,00

(continua)

(conclusão)

Banco conta movimento	16.520,00	Salários a pagar	11.670,00
Créditos		ICMS a recolher	15.500,00
Duplicatas a receber	8.700,00	PIS a recolher	8.770,00
Estoque		Financiamento	20.000,00
Mercadorias	5.600,00	**Passivo Não Circulante**	
Ativo Não Circulante		Financiamento a longo prazo	5.500,00
Créditos		**Patrimônio Líquido**	
Títulos a receber a longo prazo	2.000,00	Capital social	84.480,00
Investimentos		Reserva de capital	18.500,00
Ações em outras companhias	2.500,00	Ações em tesouraria	3.000,00
Imobilizado			
Instalações	25.000,00		
Veículos	12.000,00		
Terrenos	23.500,00		
Edificações	80.000,00		
Depreciação acumulada	3.000,00		
Total	175.220,00	Total	175.220,00

2. Durante o mês de julho de 2010, a empresa Comercial V.E.M. Ltda. apresentou as seguintes movimentações, em ordem cronológica:

1 – Compra de bens para revenda: 100 unidades	25.000,00
2 – Vendas de bens destinados à venda: 80 unidades a prazo	35.000,00
3 – Venda de móveis e utensílios usados: 3 unidades	1.500,00
4 – Venda de bens destinados à venda: 30 unidades, à vista	19.000,00
5 – Pagamento de dívidas com desconto de 15%, em cheque	8.000,00
6 – Recebimento de títulos com desconto de 12%, em dinheiro	5.000,00
7 – Compra de bens para revender: 75 unidades	15.000,00
8 – Venda de bens destinados à venda: 30 unidades	22.000,00
9 – Compra de bens para revenda: 100 unidades	15.000,00
10 – Recebimento de títulos com desconto de 10%, em dinheiro	8.500,00
11 – Venda de bens destinados à venda: 50 unidades	18.900,00

36

Em relação à incidência de ICMS, essa tributação ocorre na compra e venda de mercadoria em 12%, sendo que no final do mês a empresa promoveu o ajuste fiscal. O inventário inicial era de 50 unidades ao custo unitário de R$ 200,00 e a alienação dos móveis usados causou perdas no valor de R$ 500,00. O critério de apuração aplicado ao estoque é o PEPS, ou seja, a primeira mercadoria a entrar no estoque será a primeira a sair. Com base nas movimentações informadas, elabore a DRE.

Solução:

Primeiramente, precisamos descobrir o custo das mercadorias vendidas. Para tanto, devemos perceber qual é o critério utilizado para avaliação dos estoques. Nesse caso, foi o PEPS. Abaixo, apresentamos a tabela de controle de estoque pelo critério do PEPS, lembrando que os valores lançados no estoque transitam livres de ICMS.

	Entrada			Saída			Saldo		
	Quantidade	Valor unitário	Valor total	Quantidade	Valor unitário	Valor total	Quantidade	Valor unitário	Valor total
SI	-	-	-	-	-	-	50	200	10.000
1	100	220	22.000	-	-	-	50 100	200 220	10.000 22.000
2	-	-	-	50 30	200 220	10.000 6.600	70	220	15.400
4	-	-	-	30	220	6.600	40	220	8.800
7	75	176	13.200	-	-	-	40 75	220 176	8.800 13.200
8				30	220	6.600	10 75	220 176	2.200 13.200
9	100	132	13.200				10 75 100	220 176 132	2.200 13.200 13.200
11	-	-	-	10 40	220 176	2.200 7.040	35 100	176 132	6.160 13.200

Na tabela, a coluna **Entrada** evidencia a movimentação de mercadorias que foram adquiridas. Na coluna **Saída**, é representada a movimentação por meio das vendas de mercadorias, ou seja, o custo da operação com mercadorias. A coluna **Saldo** exibe os itens disponíveis no estoque. Assim, temos o CMV – Custo da Mercadoria Vendida das vendas:

CMV = Estoque inicial + (Compras − ICMS) − Estoque final
CMV = 10.000,00 + 48.400,00 − 19.360,00
CMV = 39.040,00

Demonstração do Resultado do Exercício	
(=) Receita bruta de vendas (35.000,00 + 19.000,00 + 22.000,00 + 18.900,00)	94.900,00
(−) ICMS sobre vendas (12% x 94.900,00)	(11.388,00)
(=) Receita de líquida de vendas	85.512,00
(−) CMV	(39.040,00)
(=) Lucro operacional bruto	**44.472,00**
Desconto obtido no pagamento da dívida	2.250,00
Desconto concedido no recebimento do título	(850,00)
(=) Lucro operacional	45.872,00
(−) Prejuízo na venda de imobilizado	(500,00)
(=) Lucro líquido	**45.372,00**

Nessa situação, só podemos elaborar a DRE após levantar o CMV − Custo da Mercadoria Vendida.

Questões para revisão

1. O que é balanço patrimonial?
2. Como serão dispostas as contas no ativo?
3. Qual o objetivo da DRE?
4. Qual o princípio de contabilidade que está intimamente ligado à demonstração de resultado?

Para saber mais

A respeito da apresentação das demonstrações contábeis, veja:

Brasil. Lei n. 11.638, de 28 de dezembro de 2007. **Diário Oficial da União**, Brasília, DF, 28 dez. 2007. Disponível em: <http://www.planalto.gov.br/ccivil_03/_Ato2007-2010/2007/Lei/L11638.htm#art1>. Acesso em: 1º jun. 2010.

BRASIL. Lei n. 11.941, de 27 de maio de 2009. **Diário Oficial da União**, Brasília, DF, 28 maio 2009. Disponível em: <http://www.planalto.gov.br/ccivil_03/_Ato2007-2010/2009/Lei/L11941.htm#art37>. Acesso em: 1º jun. 2010.

BRASIL. Ministério da Fazenda. Comissão de Valores Mobiliários. Deliberação n. 488, de 03 de outubro de 2005. **Diário Oficial da União**, Brasília, DF, 06 out. 2005. Disponível em: <http://www.cvm.gov.br/asp/cvmwww/atos/Atos_Redir.asp?Tipo=D&File=\deli\deli488.doc>. Acesso em: 04 nov. 2010.

CFC – Conselho Federal de Contabilidade. Resolução n. 1.185, de 15 de novembro de 2009. **Diário Oficial da União**, Brasília, DF, 15 nov. 2009. Disponível em: <http://www.cfc.org.br/sisweb/sre/docs/RES_750.doc>. Acesso em: 17 nov. 2010.

Demonstrações contábeis: Demonstração de Lucros e Prejuízos Acumulados (DLPA) e Demonstração de Mutações do Patrimônio Líquido (DMPL)

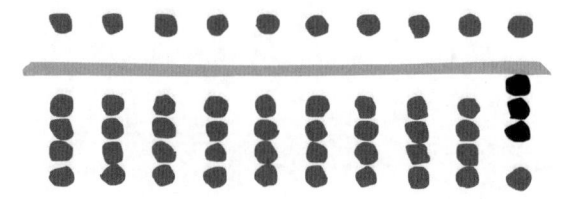

Conteúdos do capítulo:

- Contas do Patrimônio Líquido (PL).
- Conceitos gerais da Demonstração dos Lucros ou Prejuízos Acumulados (DLPA) e da Demonstração de Mutações do Patrimônio Líquido (DMPL).
- Objetivos, estrutura e elaboração da DLPA e da DMPL.

Após o estudo deste capítulo, você será capaz de:

1. compreender quais informações são evidenciadas pela DLPA e pela DMPL;
2. evidenciar a estrutura mínima estabelecida pelas normas vigentes;
3. elaborar a DLPA e a DMPL.

Demonstração dos Lucros ou Prejuízos Acumulados (DLPA) e a Demonstração de Mutações do Patrimônio Líquido (DMPL) são duas demonstrações contábeis que se completam. A DLPA está contida na DMPL. Para facilitar nosso estudo, começaremos o capítulo especificando as contas do Patrimônio Líquido (PL). Na sequência, trabalharemos os conceitos gerais relativos aos demonstrativos, evidenciaremos os objetivos e a estrutura e, por fim, a elaboração.

3.1 Contas do Patrimônio Líquido (PL)

O **Patrimônio Líquido (PL)** é formado pelo grupo de contas que registra o valor contábil pertencente aos acionistas ou quotistas. É também chamado de *riqueza líquida* e *capital próprio*.

A partir de 1º de janeiro de 2008, por força da Lei nº 11.638/2007, para as sociedades por ações, a divisão do PL foi categorizada da seguinte maneira:

a) **Capital social** – Representa o investimento realizado pelos sócios sob a forma de quotas (sociedades limitadas) ou ações (sociedades anônimas), e "poderá ser formado com contribuições em dinheiro ou em qualquer espécie de bens suscetíveis de avaliação em dinheiro". (Lei nº 6.404/1976)

b) **Reservas de capital** – São compostas por contribuições recebidas pela sociedade que não podem afetar seu resultado. Originam-se dos seguintes fatores:

- a contribuição do subscritor de ações que ultrapassar o valor nominal e a parte do preço de emissão das ações sem valor nominal que ultrapassar a importância destinada à formação do capital social;
- o produto da alienação de partes beneficiárias e bônus de subscrição. (Lei nº 6.404/1976)

c) **Ajustes de avaliação patrimonial** – Consistem nas contrapartidas a menor ou a maior, resultantes de avaliação dos itens do ativo pela aplicação de mensuração por valor justo, enquanto não computadas no resultado do exercício em obediência ao regime de competência. (Lei nº 11.638/2007)

d) **Reservas de lucros** – São contas constituídas pela apropriação dos lucros da companhia e se subdividem em:

- **Reserva legal** – Do lucro líquido serão destinados, antes de qualquer outra destinação, 5% para sua constituição desde que não excedam a 20% do valor do capital social. A companhia poderá deixar de constituir a reserva legal no exercício em que o saldo dessa reserva, acrescido do montante das reservas de capital, exceder 30% do capital social. (Lei nº 6.404/1976)
- **Reserva estatutária** – O estatuto poderá criar reservas observando os seguintes critérios: o modo preciso e completo, a sua finalidade, a fixação dos critérios e o limite máximo. (Lei nº 6.404/1976)
- **Reserva para contingências** – A assembleia geral poderá destinar parte do lucro líquido para a formação de reserva com a finalidade de compensar em exercício futuro perda julgada provável que possa ser estimada. Essa reserva será revertida no exercício que deixar de existir razão que justifique sua constituição ou que ocorrer sua perda. (Lei nº 6.404/1976)

- **Reservas orçamentárias ou reservas de lucros para a expansão** – Destinam-se à expansão do negócio e ocorrem quando previstas em seu orçamento.

- **Reservas de lucros a realizar** – Sua constituição é facultativa. Considera-se como lucro a realizar o resultado líquido positivo da equivalência patrimonial e os lucros, ganhos ou rendimentos em operações cujo prazo de realização financeira ocorra após o término do exercício social seguinte.

- **Reservas de incentivos fiscais** – Serão constituídas da parcela do lucro líquido decorrente de doações ou subvenções governamentais para investimentos. (Lei nº 11.638/2007)

e) **Ações em tesouraria** – São ações da companhia adquiridas por ela mesma.

f) **Prejuízos acumulados** – Representam o saldo remanescente dos resultados negativos obtidos pela entidade.

3.2 Demonstração dos Lucros e Prejuízos Acumulados (DLPA)

A DLPA busca evidenciar a movimentação e a destinação do lucro do período. Uma das modificações impostas pela Lei nº 11.638/2007 foi a extinção da conta **Lucros acumulados**, ou seja, o lucro líquido auferido deve ser integralmente destinado – caso não tenha prejuízos a compensar – à distribuição de dividendos ou à constituição de reservas.

Apesar de a conta Lucros acumulados ter sido extinguida, a demonstração das transações relativas a essa conta ganha importância, pois é necessário evidenciar a destinação desses lucros. Além disso, a Lei nº 11.638/2007 não alterou o art. 186 da Lei nº 6.404/1976, que disciplina sobre a DLPA, o que nos induz a acreditar que o demonstrativo deve continuar sendo elaborado.

Cumpre ressaltar que a Comissão de Valores Mobiliários – CVM, por meio de sua Instrução nº 59/1986, já orientava as companhias para a total distribuição dos lucros auferidos no período, contudo, essa conta permaneceria a registrar somente os saldos decorrentes de frações de lucros. No entanto, na prática, as entidades continuavam a acumular valores, ao invés de distribuí-los aos acionistas.

O objetivo da DLPA consiste em evidenciar as mutações ocorridas na conta **Lucros ou prejuízos**.

De acordo com o art. 186 da Lei nº 6.404/1976, os requisitos mínimos a serem discriminados pela DLPA são:

I – o saldo do início do período, os ajustes de exercícios anteriores e a correção monetária do saldo inicial;
II – as reversões de reservas e o lucro líquido do exercício;
III – as transferências para reservas, os dividendos, a parcela dos lucros incorporada ao capital e o saldo ao fim do período.

No processo de sua elaboração, é necessário obter os saldos do BP e da DRE.

Outro conceito importante na elaboração da DLPA diz respeito aos **dividendos**, que representam a destinação do lucro aos acionistas. Nas sociedades limitadas, não existe exigência mínima para a distribuição, porém, nas sociedades anônimas, alguns requisitos precisam ser atendidos: parcela estabelecida pelo estatuto; em caso de estatuto omisso, o valor a ser distribuído não poderá ser inferior a 25% do lucro líquido ajustado.

Como obtemos o valor do lucro líquido ajustado?

Por meio da aplicação da fórmula:

Lucro líquido do exercício

(-) Formação da reserva legal

(-) Formação de reserva de contingências

(+) Reversão de reservas para contingências

= Lucro líquido ajustado

3.3 Demonstração de Mutações do Patrimônio Líquido (DMPL)

A DMPL é considerada uma demonstração mais abrangente que a DLPA, pois, ao contrário desta última – que apresenta somente as movimentações da conta Lucros ou prejuízos acumulados –, não se restringe a analisar uma única conta do PL. Ela apresenta as variações que ocorreram em todas as contas pertencentes ao PL, e a opção por sua evidenciação desobriga a elaboração da DLPA.

A DMPL tem sido evidenciada por meio de um gráfico que apresenta colunas, em que cada uma delas representa um componente do Patrimônio Líquido, e as linhas registram as movimentações. A primeira linha do demonstrativo apresentará os saldos iniciais.

Síntese

Com a extinção da conta **Lucros acumulados**, o lucro líquido auferido deve ser integralmente destinado, caso não tenha prejuízos a compensar, à distribuição de dividendos ou à constituição de reservas. A restrição em cumular saldos na conta Lucros acumulados forneceu relevância à demonstração das transações dessa conta, pois se torna necessário evidenciar a destinação desses lucros. Assim, ressaltamos a importância da evidenciação da DLPA.

As duas demonstrações que estudamos, DLPA e DMPL, não possuem normatização quanto à sua apresentação, contudo, para a elaboração da DMPL, geralmente encontramos os gráficos dispostos em colunas e linhas. Para a elaboração da DMPL, é necessário primeiramente entender os conceitos que envolvem as contas do PL. Quando a entidade optar por evidenciar a DMPL, fica desobrigada de elaborar a DLPA.

Exercícios resolvidos

1. Demonstre as movimentações ocorridas no PL da empresa ABC por meio da DLPA:

Dados de 31/12/2009:

Capital social	200.000
Reservas de capital	10.000
Reserva legal	10.000
Reserva estatutária	8.000
Reserva de lucros a realizar	1.500

Mutações das contas do PL em 2009:

1.	Receita de 2008 não contabilizada	1.000
2.	Integralização de capital em dinheiro	10.000

(continua)

(conclusão)

3.	Reversão da reserva de lucros a realizar	1.500
4.	Lucro líquido apurado no exercício	4.000
5.	Constituição da reserva legal	x
6.	Reserva estatutária	10%
7.	Reserva de contingência	2.000
8.	Distribuição de dividendos	30%
9.	Recebimento de doação de imóvel no valor de:	80.000
10.	Aplicação de mensuração a valor justo em ativo permanente, com variação positiva no valor de:	5.000

Solução:

A DLPA envolverá somente as contas que transacionam diretamente com a conta Lucros ou prejuízos acumulados. Assim, o primeiro passo para a resolução desse exercício é segregar as mutações que envolvem outras contas do PL.

Por conta do princípio da **competência**, sabemos que a receita de 2008 não contabilizada não poderá integrar o resultado de 2009; no entanto, essa receita gera um resultado, o qual será absorvido diretamente na DLPA por meio do item 2, pois se trata de erro proveniente de exercícios anteriores.

A reversão de reserva de lucros a realizar será incorporada à conta Lucros acumulados, pois é proveniente de uma transação que, em essência, seria lucro, contudo, por conta de um prazo significativo cedido ao cliente, deixou de ser recebida na data correta. Na data de pagamento, integrou o resultado do período e, como não houve encaixe, esse valor foi destinado a título de reserva, para não ser distribuído como dividendos.

O lucro líquido apurado no período é computado com os saldos anteriores. A constituição das reservas legal, estatutária e de contingência e a distribuição dos dividendos transacionam com a conta Lucros acumulados; portanto, são inseridas nessa evidenciação.

DEMONSTRAÇÃO DE LUCROS OU PREJUÍZOS ACUMULADOS
Período de 1º/01/2009 a 31/12/2009

1. Saldo inicial em 1º/01/2009	0,00
2. Ajuste de exercícios anteriores	1.000,00
2.1 Efeitos de mudança de critério contábil	
2.2 Retificação de erros de cálculo de exercícios anteriores	1.000,00
3. (=) Saldo ajustado	1.000,00
4. (+) Reversão de reservas [exemplo: contingência não utilizada]	1.500,00
5. Lucro ou prejuízo do exercício	4.000,00
6. (-) Destinações do Lucro	**(6.500)**
6.1 Reserva legal [5% do lucro líquido até 20% do capital]	(325,00)
6.2 Reserva estatutária [critério definido pelos estatutos]	(617,50)
6.3 Reserva para contingências	(2.000,00)
6.4 Reservas orçamentárias ou de lucros para expansão	
6.5 Reservas de lucros a realizar	
6.6 Dividendos	(3.557,50)
7. (=) Saldo final	0,00

O valor obtido no item **saldo final** deve ser o saldo registrado na conta Lucros ou prejuízos acumulados do PL. Nesse caso, o valor é igual a zero, pois, de acordo com a Lei nº 11.638/2007, essa conta não mais cumulará valores a crédito.

2. Utilizando os mesmos dados, elabore agora a **DMPL**. Lembre-se de que a coluna que representa a conta Lucros acumulados corresponde à nossa DLPA.

Para a DMPL, inserimos todas as transações com as contas do PL.

Solução:

Demonstração das Mutações do Patrimônio Líquido

	Capital	Reservas de capital	Ajustes de avaliação	R. lucros legal.	R. lucros estatu.	R. lucros conting.	R. lucros orçam.	Lucros a realizar	Ações tesouraria	Lucros/prej. acumulados
1. Saldo inicial em 01/01/2009	200.000	10.000		10.000	8.000			1.500		0
2. Ajuste de exercícios anteriores										1.000
3. Aumento de capital	10.000									
4. (+) Reversão de reservas								(1.500)		1.500
5. Lucro ou prejuízo do exercício										4.000
6. (-) Destinações do lucro										

(*continua*)

(conclusão)

6.1 Reserva legal de 5% do lucro líquido até 20% do capital			325			(325,00)
6.2 Reserva estatutária				617,50		(617,50)
6.3 Contingências					2.000	(2.000)
6.4 Orçamentárias ou de lucros para expansão						
6.5 Lucros a realizar						
6.6 Dividendos						(3.557,50)
7. Reservas de capital	80.000					
8. Ajustes de avaliação patrimonial		5.000			0,00	
9. (=) Saldo final 31/12/2009	210.000	90.000	5.000	10.325	8.617,50	2.000	0,00

O valor subtraído sob forma de dividendos constará como dividendos a pagar no passivo circulante, não gerando contrapartida em conta do PL.

Questões para revisão

1. Quais são as contas que formam o PL?
2. Que reserva não se origina dos lucros da companhia?
3. Quais são as movimentações que originam a reserva de lucros a realizar?
4. Por que se pode dizer que a DLPA está contida na DMPL?

Para saber mais

Sobre a estrutura da DLPA e da DMPL, leia:

BRASIL. Ministério da Fazenda. Comissão de Valores Mobiliários. Deliberação n. 595, de 15 de setembro de 2009. **Diário Oficial da União**, Brasília, DF, 16 set. 2009. Disponível em: <http://www.cvm.gov.br/asp/cvmwww/atos/Atos_Redir.aspTipo=D&File=\deli\deli595.doc>. Acesso em: 04 nov. 2010.

Sobre as modificações na Lei nº 6.404/1976, acesse:

BRASIL. Lei n. 11.638/2007, de 28 de dezembro de 2007. **Diário Oficial da União**, Brasília, DF, 28 dez. 2007. Disponível em: <http://www.planalto.gov.br/ccivil_03/_Ato2007-2010/2007/Lei/L11638.htm#art1>. Acesso em: 1º jun. 2010.

Demonstrações contábeis: Demonstração dos Fluxos de Caixa (DFC) e Demonstração do Valor Adicionado (DVA)

4

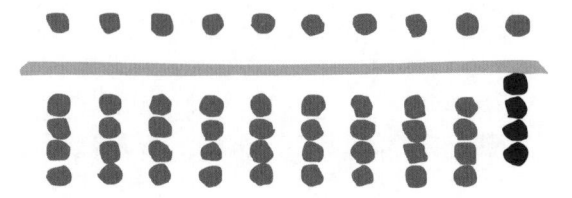

Conteúdos do capítulo:

- Conceito de fluxo de caixa.
- Estrutura e métodos de elaboração da Demonstração dos Fluxos de Caixa (DFC).
- Conceito de valor adicionado.
- Objetivo e estrutura da Demonstração do Valor Adicionado (DVA).

Após o estudo deste capítulo, você será capaz de:

1. compreender os conceitos de caixa, equivalente de caixa, fluxo de caixa e valor adicionado;
2. entender o objetivo da DFC e da DVA e elaborá-las;
3. compreender os componentes dos fluxos de operação, de financiamento e de investimentos, separação necessária para estruturar a demonstração;
4. compreender como ocorre a criação do valor adicionado e a quem é distribuída a riqueza criada pela empresa.

*V*amos continuar nosso estudo a respeito das demonstrações contábeis explorando os conceitos e os métodos de elaboração da **Demonstração dos Fluxos de Caixa (DFC)** e da **Demonstração do Valor Adicionado (DVA)**.

4.1 Demonstração dos Fluxos de Caixa (DFC)

A **DFC** foi introduzida como parte integrante das demonstrações contábeis obrigatórias, de acordo com as alterações provocadas no art. 176 da Lei nº 6.404/1976 pela Lei nº 11.638/2007.

| *Afinal, o que é a DFC?*

É a demonstração contábil que evidencia as transações ocorridas no caixa e nos equivalentes de caixa em um determinado período.

Tendo em vista que os fluxos de caixa compreendem as entradas e saídas de caixa e nos equivalentes de caixa, a DFC tem a finalidade de evidenciar as transações que ocorreram no caixa e equivalentes de caixa em determinado período (Pronunciamento Técnico nº 03 do Comitê de Pronunciamentos Contábeis – CPC-03 –, aprovado pela Deliberação nº 641/2010 da CVM).

| *O que consta no caixa e no equivalente de caixa?*

Caixa: Numerário em espécie e depósitos bancários disponíveis.

Equivalentes de caixa: Investimentos de curto prazo imediatamente conversíveis em moeda.

Caixa, como o próprio nome indica, representa a disponibilidade em dinheiro. Os **equivalentes de caixa,** por sua vez, abrangem todos os investimentos que tenham altíssima liquidez. Os equivalentes de caixa, ou seja, os investimentos de curto prazo conversíveis imediatamente em moeda, são considerados caixa, e não investimentos, tendo em vista que são mantidos com o objetivo de atender a compromissos de caixa no curto prazo e por estarem sujeitos a um insignificante risco de mudança de valor. Dessa forma, para fins da elaboração da DFC, o conceito de *caixa* engloba todas as disponibilidades da empresa.

A DFC reflete as variações ocorridas no caixa em determinado período, agrupando as entradas e saídas de caixa de mesma natureza para indicar aos usuários das informações contábeis os motivos que provocaram as variações no caixa e equivalentes de caixa da empresa.

| *Qual é o objetivo da DFC?*

O objetivo da DFC é evidenciar as transações ocorridas no caixa e nos equivalentes de caixa em determinado período.

O CPC-03 estabelece que as informações sobre os fluxos de caixa são úteis para avaliar a capacidade da entidade de gerar recursos de curto prazo, e possibilitam aos usuários desenvolver modelos para avaliar e comparar o valor presente de futuros fluxos de caixa de diferentes entidades, além de permitirem reconhecer a necessidade de liquidez de uma entidade.

4.1.1 Apresentação da Demonstração dos Fluxos de Caixa

A Lei nº 11.638/2007, ao alterar o art. 188 da Lei nº 6.404/1976, estabeleceu que:

Art. 188. As demonstrações referidas nos incisos IV e V do *caput* do art. 176 desta Lei indicarão, no mínimo:
I – demonstração dos fluxos de caixa – as alterações ocorridas, durante o exercício, no saldo de caixa e equivalentes de caixa, segregando-se essas alterações em, no mínimo, 3 (três) fluxos:

a) das operações;
b) dos financiamentos; e
c) dos investimentos;

Figura 4.1 – Alterações no caixa e nos equivalentes de caixa

```
        Alterações no caixa e nos
         equivalentes de caixa
       ↙           ↓           ↘
  Fluxos das   Fluxos dos    Fluxos dos
   operações  investimentos  financiamentos
```

A fim de proporcionar aos usuários informações sobre os impactos de cada atividade no caixa da empresa, a DFC tem como objetivo demonstrar as origens dos recursos ingressados na empresa e o destino das saídas desses recursos, permitindo inclusive o acompanhamento das alterações históricas de caixa e equivalentes de caixa de uma entidade.

Buzian (2008, p. 44) expõe que:

> A operacionalidade de uma empresa engloba três atividades fundamentais: a atividade operacional, a atividade de investimento e a atividade de financiamento. Na verdade, essas três atividades estão intimamente ligadas, além de existir uma interdependência no funcionamento de cada uma delas.

Assim, os fluxos de caixa funcionam como uma engrenagem dentro da empresa, pois alimentam as três atividades e fornecem as bases para a continuidade da empresa, conforme pode ser visto na figura a seguir.

Figura 4.2 – Inter-relação entre três fluxos de caixa

FONTE: Adaptado de Buzian, 2008, p. 45.

A figura apresenta a inter-relação entre os três fluxos de caixa – impulsionados pelas atividades operacionais, de investimentos e de financiamentos – que resultam na geração da DFC, permitindo, com isso, que o usuário identifique como foram gerados os recursos de caixa e onde e como ocorreu o consumo desses mesmos recursos na operacionalidade da empresa (Buzian, 2008).

A seguir, iremos abordar separadamente os fluxos das atividades operacionais, de investimentos e de financiamento.

4.1.1.1 Atividades operacionais

Os fluxos das operações ou das atividades operacionais são derivados das principais atividades geradoras de receita da entidade, por estarem ligados ao desenvolvimento do objeto social da empresa (CPC-03).

> De acordo com o CPC-03, "Atividades operacionais são as principais atividades geradoras de receita da entidade e outras atividades que não são de investimento e tampouco de financiamento".

Em geral, são lançadas nesse grupo as entradas e saídas de caixa decorrentes das atividades operacionais da empresa, ou seja, ligadas à sua atividade principal. Sendo assim, figuram nesse grupo o recebimento da maior parte das receitas e a saída de recursos decorrentes da maior parte das despesas operacionais da empresa.

Por estar ligado à atividade operacional, o fluxo das atividades operacionais indica como a entidade tem gerado fluxo de caixa para manter a capacidade operacional da entidade e, ainda, ter recursos adicionais para atender às atividades de financiamento (amortizar empréstimos, pagar dividendos e juros sobre o capital próprio) e de investimentos (adquirir novos investimentos, imobilizados) sem ter que recorrer a fontes externas de financiamento. Por isso, o fluxo de caixa operacional é fundamental para demonstrar a saúde da empresa e, ainda, gerar informações para a projeção de futuros fluxos de caixa operacionais.

4.1.1.2 Atividades de investimento

Os fluxos dos investimentos são os decorrentes das saídas de recursos devido às aquisições de ativos fixos, tangíveis e intangíveis, registrados no ativo não circulante, bem como as entradas de recursos decorrentes da venda desses itens. Incluem-se nos fluxos de investimentos os investimentos feitos em outras empresas.

> De acordo com o CPC-03, "Atividades de investimento são as referentes à aquisição e à venda de ativos de longo prazo e de outros investimentos não incluídos nos equivalentes de caixa".

Os fluxos das atividades de investimentos estão relacionados aos aumentos e às diminuições (através de aquisições ou vendas) dos ativos fixos de longo prazo utilizados na produção de bens e serviços. Esse grupo inclui, ainda, o aumento ou a diminuição dos ativos financeiros (as aquisições ou vendas de investimentos em outras sociedades e de ativos investidos em aplicação financeira com prazo de resgate superior a 3 meses).

A divulgação dos fluxos de caixa das atividades de investimento permite identificar o volume de recursos destinados a gerar fluxos de caixa futuro, seja por meio de investimentos, seja por meio da estruturação da empresa para desenvolver suas atividades.

4.1.1.3 Atividades de financiamento

Os fluxos dos financiamentos compreendem as entradas de recursos decorrentes da captação de recursos via empréstimos de terceiros ou aporte de capitais por parte dos acionistas. Fazem parte desse grupo, também, as saídas de recursos decorrentes de pagamento de dividendos e da amortização dos empréstimos e seus respectivos encargos.

> De acordo com o CPC-03, "Atividades de financiamento são aquelas que resultam em mudanças no tamanho e na composição do capital próprio e no capital de terceiros da entidade".

Os fluxos das atividades de financiamento estão relacionados aos empréstimos e financiamentos junto a terceiros e à captação de recursos junto aos acionistas. Nesse grupo, entram tanto a captação de empréstimos como sua amortização e juros, além da captação de recursos junto aos acionistas e seu retorno em forma de lucros ou dividendos.

A divulgação separada dos fluxos de caixa decorrentes das atividades de financiamento permite prever as exigências sobre futuros fluxos de caixa pelos fornecedores de capital à entidade. Quanto mais empréstimos obtidos, maiores serão as saídas de caixa no futuro.

4.1.2 Transações que não integram a DFC

Tendo em vista que a DFC é uma demonstração contábil que evidencia as transações ocorridas no caixa e nos equivalentes de caixa, as **transações que não movimentam o caixa**, ou seja, que não correspondam a entradas e saídas de recursos financeiros na empresa, não devem integrá-la.

Além disso, é preciso identificar as transferências de valores do passivo não circulante para o passivo circulante, ou do ativo não circulante para o ativo circulante. Esses valores aumentam as parcelas a curto prazo, entretanto, não decorrem de aumento ou diminuição do caixa.

Para a exclusão das transações que não envolveram o caixa, o ideal é identificá-las por meio das seguintes perguntas: Saiu dinheiro do caixa? Entrou dinheiro no caixa? Essas perguntas ajudam no direcionamento das transações que devem ou não fazer parte da DFC.

4.1.3 Métodos de elaboração

A DFC pode ser elaborada sob duas formas distintas: pelo **método direto** e pelo **método indireto** (Resolução nº 1.125/2008 do CFC):

(a) o método direto, segundo o qual as principais classes de recebimentos brutos e pagamentos brutos são divulgadas; ou
(b) o método indireto, segundo o qual o lucro líquido ou prejuízo é ajustado pelos efeitos:
(i) das transações que não envolvem caixa;
(ii) de quaisquer diferimentos ou outras apropriações por competência sobre recebimentos ou pagamentos operacionais passados ou futuros; e
(iii) de itens de receita ou despesa associados com fluxos de caixa das atividades de investimento ou de financiamento.

| *Qual é a diferença entre o método direto e o método indireto da DFC?*

A diferença entre os dois métodos está relacionada, exclusivamente, à forma de apuração dos fluxos das atividades operacionais.

Embora a apuração dos fluxos das atividades operacionais seja distinta pelos dois métodos, os fluxos de caixa das atividades de financiamento e de investimentos são apurados de forma idêntica pelo método direto e indireto.

A essa altura, você provavelmente está se perguntando: afinal de contas, por que dois métodos diferentes de apuração? A escolha pela apuração de um método ou de outro vai depender das informações às quais você tem acesso.

Para estruturar a DFC pelo método indireto, basta que você tenha acesso aos demonstrativos contábeis publicados. Já para usar o método indireto, você precisa de informações adicionais obtidas junto às fichas de razão das contas.

Independente da forma pela qual a empresa divulga sua DFC, ela deve disponibilizar informações suficientes nas notas explicativas, de modo que forneçam todas as informações relevantes aos usuários das demonstrações contábeis, proporcionando uma base consistente para avaliar a capacidade de a empresa gerar caixa e equivalentes de caixa, bem como suas necessidades de liquidez. (Resolução CFC nº 1.125/2008).

4.1.3.1 Método direto

Pelo método direto, as atividades operacionais são divulgadas pelos recebimentos e pagamentos brutos decorrentes das operações efetuadas durante o período.

Figura 4.3 – Os fluxos de caixa

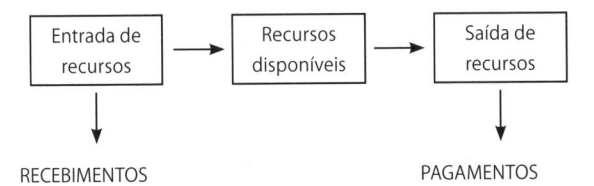

Entrada de recursos → Recursos disponíveis → Saída de recursos

RECEBIMENTOS
- Créditos operacionais;
- Resgate de aplicação financeira;
- Obtenção de empréstimos e financiamentos;
- Receitas recebidas antecipadamente;
- Integralização e/ou aumento de capital social;
- Receitas de vendas, serviços e outras;
- Dividendos de investimentos avaliados pelo custo;
- Outros.

PAGAMENTOS
- Compra de mercadoria e insumos;
- Despesas antecipadas;
- Depósitos judiciais;
- Empréstimos a sócios;
- Compra de imobilizado;
- Aplicação no Ativo permanente, em investimentos e no intangível;
- Pagamento de obrigações;
- Custo e Despesas;
- Dividendos;
- Outros.

Fonte: Neves; Viceconti, 2001, p. 252.

O CPC-03 dispõe que no método direto as informações sobre as principais classes de recebimentos e de pagamentos brutos no período podem ser obtidas dos registros contábeis da entidade ou ajustando as vendas, os custos e outros itens da DRE referentes a mudanças ocorridas no estoque e nas contas a receber e a pagar, outros itens que não envolvam caixa e, conforme a Resolução CFC nº 1.125/2008, "outros itens cujos efeitos no caixa sejam fluxos de caixa decorrentes das atividades de financiamento e de investimento".

O CPC-03 dispõe que no método direto as informações sobre as principais classes de recebimentos brutos e de pagamentos brutos no período podem ser obtidas:

a) dos registros contábeis da entidade; ou

b) ajustando as vendas, os custos das vendas e outros itens da demonstração do resultado referente a:

- mudanças ocorridas no estoque e nas contas a receber e a pagar;
- outros itens que não envolvam caixa; e
- outros itens cujos efeitos no caixa sejam fluxos de caixa decorrentes das atividades de financiamento e de investimento.

Para atender ao item **b**, "mudanças ocorridas no estoque e nas contas a receber e a pagar" e de "outros itens que não envolvam caixa", apresentaremos, a seguir, um esquema para preparação de dados a serem informados na DFC estruturado pelo método direto. Iniciaremos com a conta **Clientes**.

Na apuração da conta **Clientes** ou **Duplicatas a receber**, são lançadas as receitas brutas de vendas a prazo, deduzidas dos descontos, abatimentos e vendas anuladas. Para encontrar o valor ingressado em caixa decorrente da conta Clientes, deve-se apurar o saldo inicial da conta Clientes e acrescer o valor das vendas efetivas que deram origem a um direito de recebimento para a empresa menos o saldo final da conta Clientes.

Devemos considerar que a conta Clientes é aumentada, ainda, pela transferência recebida do exigível a longo prazo, classificado no ativo não circulante. Assim, esse valor, apurado diretamente nas fichas do Razão, deve ser acrescentado à conta Clientes.

A conta Clientes pode apresentar como contas **redutoras** a conta de duplicatas descontadas e a de provisão de crédito de liquidação duvidosa. Dessa forma, deve ser considerado o saldo final da conta Duplicatas descontadas, deduzido o saldo inicial da mesma conta, ambas extraídas diretamente do BP. O valor decorrente da diferença entre o saldo final e o saldo inicial das duplicatas descontadas refere-se ao valor de clientes já recebidos por meio da referida operação.

O valor da provisão de crédito de liquidação duvidosa que não é utilizado no exercício e é revertido como receitas ou baixadas no exercício é apurado considerando a reversão da referida provisão, deduzidos o saldo inicial da conta e das duplicatas incobráveis baixadas no exercício sem provisão. Essas informações são obtidas consultando a ficha razão da referida conta.

Quando, no passivo não circulante, consta o grupo de receitas diferidas, é preciso extrair dessa conta o valor decorrente de vendas de bens e serviços recebidos antecipadamente, visto que receitas de outras operações não podem integrar o grupo da análise dos clientes na DFC. A apuração deve ser feita considerando o saldo final de receitas diferidas decorrente de vendas de bens e serviços, deduzido o saldo inicial das receitas de mesma natureza.

Após apurar a conta Clientes, a próxima análise será voltada para a apuração das contas a pagar. A apuração dos valores pagos aos fornecedores deve considerar o saldo inicial da conta Fornecedores ou Duplicatas a pagar, constante no BP, acrescida das compras realizadas a prazo no período e deduzido o saldo final da referida conta.

Deve-se apurar diretamente das fichas do Razão o valor que aumentou na conta Fornecedores no passivo circulante, decorrente da transferência das obrigações com fornecedores registrados no ativo não circulante.

A próxima análise será voltada para as compras do período, e é feita por meio do cálculo do estoque final acrescido do custo das mercadorias vendidas e dos impostos e contribuições incidentes sobre compras, deduzido o estoque final. Para esse cálculo, você necessita do BP, da DRE e da ficha do Razão da respectiva conta. Do BP são extraídos os estoques inicial e final, da DRE é extraído o CMV, e da ficha do Razão da respectiva conta são extraídos os impostos incidentes sobre as compras. É necessário incluir os impostos, tendo em vista que eles foram excluídos do valor das mercadorias registradas no estoque, mas compõem o valor bruto a ser pago aos fornecedores.

Para obter o valor pago aos empregados, podemos considerar a mesma metodologia, ou seja, pegamos o saldo inicial da conta de obrigações trabalhistas e previdenciárias mais as despesas com pessoal incorridas no exercício, deduzido o saldo final da mesma conta.

Extraímos os saldos inicial e final das obrigações trabalhistas e previdenciárias diretamente dos balanços. Você pode obter o total das despesas com pessoal incorridas no período diretamente nas fichas do Razão das respectivas contas, ou no lançamento de diários utilizados para transferência dos saldos das contas de despesas para a conta Resultado do exercício.

Os valores pagos ao Governo Federal a título de Imposto de Renda e Contribuição Social sobre o Lucro correspondem aos pagamentos efetuados no período, apurados a partir do saldo inicial dos impostos acrescido da provisão mensal, deduzidos os saldos finais.

Os demais recebimentos e pagamentos que não se enquadrem nas explicações anteriores seguem a mesma forma de apuração, ou seja, partimos do valor contido no balanço do exercício anterior, somamos as transações ocorridas no período e deduzimos o saldo encontrado no balanço do exercício seguinte.

4.1.3.2 Método indireto

Enquanto pelo método direto as atividades operacionais são divulgadas pelos recebimentos e pagamentos brutos, o método indireto apresenta as atividades operacionais pelo lucro líquido ou prejuízos.

A DFC pelo método indireto inicia-se pelo lucro líquido obtido na DRE, que, em seguida, deve ser ajustado pela adição das despesas e exclusão das receitas consideradas na apuração do resultado que não afetaram o caixa da empresa, a exemplo da depreciação e da receita de equivalência patrimonial e, ainda, pela adição das receitas recebidas antecipadamente que não foram consideradas na apuração do resultado, mas que ingressaram no caixa da empresa.

De acordo com a Resolução nº 1.025/2005 do CFC:

[...] (b) o método indireto, segundo o qual o lucro líquido ou prejuízo é ajustado pelos efeitos:
(i) das transações que não envolvem caixa;
(ii) de quaisquer diferimentos ou outras apropriações por competência sobre recebimentos ou pagamentos operacionais passados ou futuros; e

(iii) de itens de receita ou despesa associados com fluxos de caixa das atividades de investimento ou de financiamento.

Após os ajustes, devemos informar na DFC as variações para mais ou para menos ocorridas em todos os grupos de contas do ativo circulante (exceto das disponibilidades) e do passivo circulante, chegando-se assim ao resultado gerado ou consumido pelas atividades operacionais.

Ao lançar as contas no fluxo de caixa operacional, devemos ter o cuidado de não incluir nos cálculos os valores dos juros sobre o capital próprio, bem como dos dividendos calculados com base no resultado final, uma vez que correspondem a destinações do resultado que não foram pagas no exercício findo.

4.2 Demonstração do Valor Adicionado (DVA)

A **DVA** foi introduzida como parte integrante das demonstrações contábeis obrigatórias divulgadas no final de cada período por meio da alteração provocada pela Lei nº 11.638/2007 ao art. 176 da Lei nº 6.404/1976. Com a alteração, todas as empresas de capital aberto são obrigadas a publicar a DVA juntamente com os demais demonstrativos contábeis obrigatórios.

O que é a DVA?

É a demonstração contábil que evidencia o valor da riqueza gerada pela empresa e a distribuição para aqueles que contribuíram para sua geração.

O valor adicionado ou agregado é criado a partir das receitas menos os valores pagos pelos insumos (materiais e serviços) utilizados pela empresa. A riqueza criada ou o valor adicionado é obtido por meio da seguinte fórmula:

> Vendas – Compras = Valor Adicionado

O valor pago a terceiros pelas mercadorias ou serviços prestados deve ser deduzido das vendas, pois foram considerados na riqueza das entidades fornecedoras dos insumos e serviços. Com isso, eliminamos a dupla contagem da riqueza.

Além de apresentar o valor adicionado, a DVA indica ainda como essa riqueza foi repartida entre os segmentos beneficiários, entre aqueles que contribuíram para que essa riqueza fosse criada pela empresa.

A Lei nº 11.638/2007, além de introduzir a DVA como parte integrante das demonstrações contábeis obrigatórias, ao alterar o art. 188 da Lei nº 6.404/1976, estabeleceu que a DVA deve indicar, no mínimo:

> [...] II – demonstração do valor adicionado – o valor da riqueza gerada pela companhia, a sua distribuição entre os elementos que contribuíram para a geração dessa riqueza, tais como empregados, financiadores, acionistas, governo e outros, bem como a parcela da riqueza não distribuída.

Dessa forma, toda a riqueza criada pela empresa, ou valor agregado, deve ser destinada aos segmentos beneficiários.

Figura 4.4 – Distribuição do valor adicionado

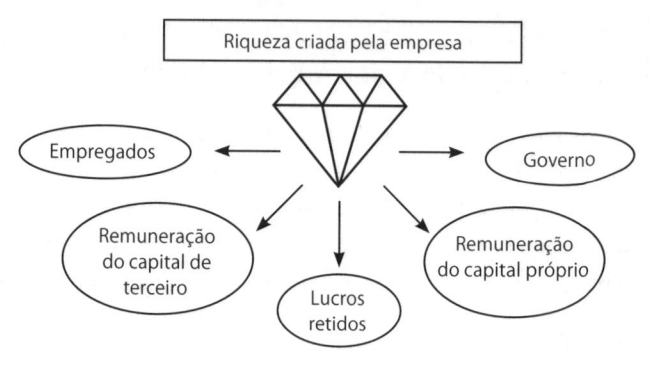

A riqueza criada é distribuída para empregados, financiamentos, acionistas, governos e outros que contribuíram para a sua geração, e uma parcela dessa riqueza fica para a empresa, lançada em lucros retidos.

4.2.1 Objetivo da DVA

Segundo Luca (1998), "através da DVA, os usuários da informação contábil podem obter importantes informações não disponibilizadas nos relatórios contábeis tradicionais acerca da atividade empresarial".

O Pronunciamento Técnico nº 09 do Comitê de Pronunciamentos Contábeis (CPC-09), aprovado pela Deliberação nº 557/2008 da CVM, estabelece que "A DVA deve proporcionar aos usuários das demonstrações contábeis informações relativas à riqueza criada pela entidade em determinado período e a forma como tais riquezas foram distribuídas".

Tendo em vista que a DVA apresenta a riqueza criada pela empresa e a sua distribuição aos beneficiários, ela se constitui em uma ferramenta importante para os usuários externos, permitindo que os acionistas, analistas, *stakeholders*, administradores, trabalhadores e demais interessados avaliem o desempenho da empresa.

4.2.2 Estrutura da DVA

A DVA é estruturada em dois grandes grupos: o primeiro indica **o valor adicionado pela empresa** e o segundo apresenta a **distribuição do valor adicionado**, conforme figura a seguir:

Figura 4.5 – Criação e distribuição do valor adicionado

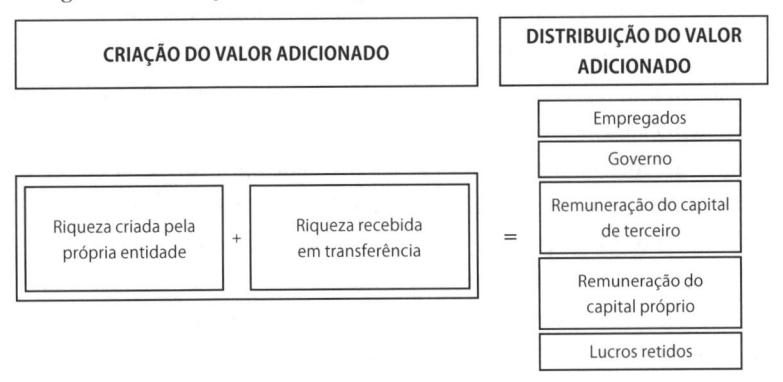

CRIAÇÃO DO VALOR ADICIONADO			DISTRIBUIÇÃO DO VALOR ADICIONADO
			Empregados
			Governo
Riqueza criada pela própria entidade	+	Riqueza recebida em transferência	Remuneração do capital de terceiro
	=		Remuneração do capital próprio
			Lucros retidos

Na criação do valor adicionado pela empresa, consideram-se as vendas de mercadorias, produtos e serviços e demais receitas diminuídas dos insumos adquiridos de terceiros. Consideram-se ainda na criação do valor adicionado as riquezas transferidas por outras empresas, a exemplo das receitas financeiras e outras recebidas de terceiros.

De acordo com o CPC-09,

> 6. A distribuição da riqueza criada deve ser detalhada, minimamente, da seguinte forma:
> (a) pessoal e encargos;
> (b) impostos, taxas e contribuições;
> (c) juros e aluguéis;
> (d) juros sobre o capital próprio (JCP) e dividendos;
> (e) lucros retidos/prejuízos do exercício.

O primeiro grupo da DVA, que indica o valor adicionado total, considera a riqueza criada pela empresa acrescida da riqueza recebida de terceiros por transferência, deduzidos os insumos consumidos para obtenção das respectivas receitas e a depreciação, a amortização e a exaustão. O segundo grupo da DVA, por sua vez, indica de forma detalhada a quem foi distribuída a riqueza criada pela empresa, sendo os principais beneficiários dessa distribuição os funcionários, os impostos, a remuneração de capital de terceiros e do capital próprio.

Síntese

A DFC tem a finalidade de evidenciar as transações ocorridas no caixa e no equivalente de caixa em um determinado período. O **caixa** é o numerário em espécie e os depósitos bancários disponíveis; os **equivalentes de caixa**, por sua vez, compreendem os investimentos de curto prazo com altíssima liquidez, resgatáveis em até 3 meses.

Para fins de apresentação, a DFC é segregada em três fluxos: operações, financiamentos e investimentos. Os fluxos de caixa decorrentes das atividades operacionais referem-se às atividades principais da empresa, estando ligados ao capital circulante. O fluxo de caixa da atividade de investimento diz respeito às entradas e saídas de recursos decorrentes da compra e venda de ativos fixos, inclusive dos investimentos e dos intangíveis. O fluxo das atividades de financiamento é aquele que resulta de entradas e saídas em decorrência de endividamento da empresa ou aumento na composição do capital próprio.

A DFC pode ser elaborada pelo método direto e indireto. A diferença entre os dois métodos refere-se, exclusivamente, à forma de apuração dos fluxos das atividades operacionais, pois as atividades de financiamento e de investimento são apuradas de forma idêntica pelas duas metodologias.

A DVA é uma demonstração contábil que evidencia o valor da riqueza criada pela empresa e a distribuição àqueles que contribuíram para sua geração. A DVA é construída em dois grupos: o primeiro demonstra o valor adicionado pela empresa e o segundo indica como a riqueza foi distribuída.

Exercícios resolvidos

1. Suponha que determinada empresa apresente os seguintes lançamentos para obter o resultado no mês de janeiro de 2000:

Receita de venda	R$ 120.000,00
Impostos sobre venda	R$ 20.000,00

(continua)

(conclusão)

Custos das mercadorias vendidas	R$ 50.000,00
Despesas de salários e empregados	R$ 10.000,00
Encargos sociais sobre salários[2]	R$ 2.000,00
Serviços de terceiros	R$ 5.000,00
Materiais, energia, telefone	R$ 3.000,00
Propaganda e publicidade	R$ 5.000,00
Depreciação	R$ 5.000,00

Com essas informações, a DRE é construída da seguinte forma:

Receita de vendas	R$ 120.000,00
(-) Impostos	R$ 20.000,00
(=) Receita operacional líquida	**R$ 100.000,00**
(-) CMV	R$ 50.000,00
(=) Resultado bruto	**R$ 50.000,00**
(-) Despesas operacionais	**R$ 30.000,00**
Despesas com salários	R$ 10.000,00
Encargos sociais	R$ 2.000,00
Serviços de terceiros	R$ 5.000,00
Materiais, energia, telefone	R$ 3.000,00
Propaganda e Publicidade	R$ 5.000,00
Depreciação	R$ 5.000,00
(=) Resultado líquido	**R$ 20.000,00**

Solução:

Essa é uma demonstração que não envolve grande complexidade, a título de exemplificação, cujo resultado apresenta um lucro líquido de R$ 20.000,00. Vamos partir do pressuposto de que não há imposto sobre o lucro para não complicar este primeiro exemplo. Considerando que o lucro não foi distribuído, mas retido pela empresa, temos a DVA estruturada da seguinte forma:

[2] Dos encargos, R$ 500,00 é de FGTS e R$ 1.500,00 de INSS Patronal.

Demonstração do Valor Adicionado

DESCRIÇÃO	R$
1 – RECEITAS	120.000
1.1 – Vendas de mercadorias, produtos e serviços	120.000
1.2 – Outras receitas	0
1.3 – Receitas relativas à construção de ativos próprios	0
1.4 – Provisão para créditos de liquidação duvidosa – Reversão/Constituição	0
2 – INSUMOS ADQUIRIDOS DE TERCEIROS	63.000
2.1 – Custos dos produtos, das mercadorias e dos serviços vendidos	50.000
2.2 – Materiais, energia, serviços de terceiros e outros	13.000
2.3 – Perda/Recuperação de valores ativos	0
2.4 – Outras (especificar)	0
3 – VALOR ADICIONADO BRUTO (1 - 2)	57.000
4 – DEPRECIAÇÃO, AMORTIZAÇÃO E EXAUSTÃO	5.000
5 – VALOR ADICIONADO LÍQUIDO PRODUZIDO PELA ENTIDADE (3 - 4)	52.000
6 – VALOR ADICIONADO RECEBIDO EM TRANSFERÊNCIA	0
6.1 – Resultado de equivalência patrimonial	0
6.2 – Receitas financeiras	0
6.3 – Outras	0
7 – VALOR ADICIONADO TOTAL A DISTRIBUIR (5 + 6)	52.000
8 – DISTRIBUIÇÃO DO VALOR ADICIONADO	52.000
8.1 – Pessoal	10.500
8.1.1 – Remuneração direta	10.000
8.1.2 – Benefícios	0
8.1.3 – FGTS	500
8.2 – Impostos, taxas e contribuições	
8.2.1 – Federais	21.500
8.2.2 – Estaduais	1.500
8.2.3 – Municipais	20.000
8.3 – Juros e aluguéis	0
8.3.1 – Juros	0

(*continua*)

(conclusão)

8.3.2 – Outras	0
8.4 – Remuneração de capitais próprios	20.000
8.4.1 – Juros sobre o capital próprio	0
8.4.2 – Dividendos	0
8.4.3 – Lucros retidos/Prejuízos do Exercício	20.000
8.4.4 – Participação dos não controladores nos lucros retidos	0

Para elaborar a DVA, iniciamos pelas receitas, pois no mês consta apenas a receita de vendas de mercadorias, que não apresentou receitas de vendas de imobilizado e de construção de ativos próprios. Dessa forma, a receita totaliza o valor de R$ 120.000,00.

Os insumos adquiridos de terceiros, por sua vez, são formados pelo custo de aquisição da mercadoria vendida no valor de R$ 50.000,00 e, ainda, pelos serviços de terceiros, materiais, energia, telefone e propaganda e publicidade utilizados no desenvolvimento das atividades operacionais da empresa, no valor de R$ 13.000,00. A depreciação é de R$ 5.000,00.

Considerando a receita de R$ 120.000,00, deduzidos os insumos adquiridos de terceiros de R$ 63.000,00, temos como resultado o valor adicionado bruto de R$ 57.000,00. Ao deduzir o valor da depreciação de R$ 5.000,00, encontramos o valor adicionado líquido produzido pela entidade, que é de R$ 52.000,00. Como não há valor adicionado recebido em transferência, o valor adicionado total a distribuir é de R$ 52.000,00.

O resultado obtido no grupo 7 (valor adicionado total a distribuir) deve coincidir com o valor obtido no grupo 8 (distribuição do valor adicionado), caso contrário sua DVA não estará fechada.

Mas como apurar a distribuição do valor adicionado? Na distribuição do valor adicionado, iniciaremos com o grupo de pessoal, que representa a remuneração pela força de trabalho. O grupo de pessoal é formado pela remuneração direta de R$ 10.000,00 acrescido do FGTS de R$ 500,00, totalizando o grupo em R$ 10.500,00. Observem que o INSS não constitui uma remuneração de pessoal, mas, sim, um encargo da empresa a ser pago ao governo.

No grupo de tributos federais há a contribuição patronal do INSS sobre a folha de pagamento, cujo valor é de R$ 1.500,00. No grupo de impostos estaduais há o ICMS no valor de R$ 20.000,00, que incide sobre as vendas de mercadoria. Assim, o grupo destinado ao governo totaliza R$ 21.500,00.

Este exercício não apresenta nenhuma despesa financeira paga pela empresa; sendo assim, não há pagamento de remuneração de capital de terceiro. Dessa forma, o grupo juros e aluguéis ficará zerado.

Por fim, o grupo de remuneração de capitais próprios também não apresenta nenhum valor relativo ao pagamento de remuneração de capital próprio. Somente há lucros retidos pela empresa no valor de R$ 20.000,00, equivalentes ao lucro líquido obtido na DRE.

Uma vez apurado o valor distribuído para cada grupo de beneficiários que contribuíram para a geração da riqueza da empresa, é possível encontrar o valor da distribuição do valor adicionado, que totaliza R$ 52.000,00. Esse valor é idêntico ao valor encontrado no grupo valor adicionado total a distribuir.

2. Suponha que determinada empresa apresente os seguintes demonstrativos no mês de dez./2002:

ATIVO	31/12/01	31/12/02	PASSIVO	31/12/01	31/12/02
Ativo Circulante	8.000	11.300	**Passivo Circulante**	3.000	4.000
Caixa e equiv. caixa	2.000	3.800	Contas a pagar	3.000	4.000
Clientes	6.000	7.500			
Ativo Não Circulante	7.000	11.200	**Passivo Não Circulante**	3.000	7.500
Investimentos	1.000	1.000	Empréstimos	3.000	7.500
Imobilizado	5.000	9.200	**Patrimônio Líquido**	9.000	11.000
Intangível	1.000	1.000	Capital social	8.000	8.000
			Reserva de lucros	1.000	3.000
TOTAL ATIVO	15.000	22.500	**TOTAL PASSIVO**	15.000	22.500

DRE (31/12/02)		DMPL	
Receita	11.000,00	Lucros Acumulados	1.000,00
(-) Despesas	(9.000,00)	(+) Lucros do exercício	2.000,00
Lucro líquido	2.000,00	Reserva de lucros	3.000,00

Explique, por meio da DFC, por que e como o caixa e os equivalentes de caixa variaram de R$ 2.000,00 para R$ 3.800,00.

Solução:

Para elaborar a DFC pelo método direto, iniciamos pela DRE, na qual consta uma receita de R$ 11.000,00. **Do valor da receita, quanto entrou em caixa?** Para saber, é preciso confrontar com a conta Clientes, pois se as receitas não entraram no caixa, devem entrar na conta Clientes, no ativo circulante.

O saldo inicial da conta Clientes era de R$ 6.000,00. Se as vendas fossem a prazo, um valor de R$ 11.000,00, correspondente às vendas, deveria entrar e, com isso, o saldo final seria de R$ 17.000,00. Porém, o saldo final da conta Clientes é de R$ 7.500,00, indicando que a diferença de R$ 9.500,00 (R$ 17.000,00 – R$ 7.500,00) foi recebida no caixa.

Retornando à DRE, observamos uma despesa no valor de R$ 9.000,00. **Quantas dessas despesas foram pagas, ou seja, quanto corresponde à saída de caixa?** Partimos do pressuposto que, se nada fosse pago, o valor correspondente às despesas estaria no passivo circulante, na conta Contas a pagar. Nessa conta, havia um saldo inicial de R$ 3.000,00 que, acrescido das despesas de R$ 9.000,00, resultaria em um saldo final de R$ 12.000,00. Entretanto, o saldo final da conta Contas a pagar é de R$ 4.000,00. A diferença de R$ 8.000,00 (R$ 12.000,00 – R$ 4.000,00) foi paga.

Caso haja outras contas na DRE, devemos repetir o processo até que a DRE seja terminada. O próximo passo é analisar as contas patrimoniais.

Após analisar as alterações ocorridas na conta do ativo circulante, vamos para o ativo não circulante, na qual se observa que não houve mudança nos valores das contas Investimentos e Intangíveis; logo, o caixa não foi afetado pelo ingresso ou saída de recursos. A única conta que foi alterada no ativo não circulante foi o Imobilizado, que passou de R$ 5.000,00 para R$ 9.200,00. Se não há conta no passivo que indique que a conta foi a prazo e, ainda, caso não haja notas explicativas que relatem que o acréscimo dessa conta não ocorreu por meio de saída de caixa, como integralização de capital, por exemplo, concluímos que o aumento refere-se a novas aquisições à vista.

O passivo deve ser analisado da mesma forma, ou seja, verificamos as contas que não transitaram pela DRE, pois as que transitaram foram computadas. Nesse caso, a conta Empréstimos constitui-se em uma conta que não foi analisada, pois representa um fato permutativo. A conta Empréstimos tinha um saldo de R$ 3.000,00 e passou para R$ 7.500,00, ou seja, aumentou R$ 4.500,00. Esse acréscimo representa ingresso no caixa decorrente de novos empréstimos.

Por fim, resta ainda analisarmos as contas do PL. A conta Capital não foi alterada, não afetando o caixa. A conta Lucros acumulados foi indiretamente analisada ao considerarmos receitas e despesas.

Após a análise de todas as contas, que poderiam ser substituídas pela análise do Razão da conta Caixa, a DFC pode ser estruturada da seguinte forma:

Demonstração dos Fluxos de Caixa pelo método direto	
DECRIÇÃO	R$
Fluxos de Caixa das Atividades Operacionais	
Recebimentos de clientes	9.500,00
Pagamentos a fornecedores e empregados	(8.000,00)
Caixa líquido proveniente das atividades operacionais	**1.500,00**
Fluxos de Caixa das Atividades de Investimentos	
Compra de imobilizado	(4.200,00)
Caixa líquido proveniente das atividades de investimentos	**(4.200,00)**
Fluxos de Caixa das Atividades de Financiamentos	
Empréstimos tomados	4.500,00
Caixa líquido proveniente das atividades de financiamentos	**4.500,00**
Aumento (Redução) das disponibilidades	**1.800,00**
Caixa e equivalentes de caixa – no início do período	2.000,00
Caixa e equivalentes de caixa – no final do período	3.800,00

Em síntese, o exercício anterior indica que entraram no caixa os recebimentos de clientes (R$ 9.500,00) e os empréstimos contratados (R$ 4.500,00). Por outro lado, saíram do caixa os pagamentos de credores (R$ 8.000,00) e os recursos para a compra de itens do imobilizado (R$ 4.200,00). A diferença entre a entrada (R$ 14.000,00) e a saída (R$ 12.200,00) é de **R$ 1.800,00**, valor que representa o incremento de valor no caixa. A conciliação dos saldos inicial e final de caixa e equivalentes de caixa indica o valor movimentado no período, que justifica o total dos fluxos dos três caixas: das operações, dos investimentos e dos financiamentos.

Questões para revisão

1. Qual é a finalidade da elaboração da DFC?
2. Qual é a diferença entre os métodos direto e indireto?
3. Qual é a diferença entre o valor adicionado pela empresa e o recebido em transferência?
4. Quem são os beneficiários da distribuição do valor adicionado?

Para saber mais

Para aprimorar os conceitos sobre a elaboração e a finalidade da DFC e da DVA, bem como sobre as contas que envolvem as atividades operacionais, de financiamento e de investimento, consulte:

BRASIL. Ministério da Fazenda. Comissão de Valores Mobiliários. Deliberação n. 557, de 12 de novembro de 2008. **Diário Oficial da União**, Brasília, DF, 17 nov. 2008. Disponível em: <http://www.cvm.gov.br/asp/cvmwww/atos/Atos_Redir.asp?Tipo=D&File=\deli\deli557.doc>. Acesso em: 17 nov. 2010.

BRASIL. Ministério da Fazenda. Comissão de Valores Mobiliários. Deliberação n. 641, de 07 de outubro de 2010. **Diário Oficial da União**, Brasília, DF, 08 out. 2010. Disponível em: <http://www.cvm.gov.br/asp/cvmwww/atos/Atos_Redir.asp?Tipo=D&File=\deli\deli641.doc>. Acesso em: 17 nov. 2010.

CFC – Conselho Federal de Contabilidade. Resolução n. 1.138, de 28 de novembro de 2008. **Diário Oficial da União**, Brasília, DF, 28 nov. 2008. Disponível em: <http://www.cfc.org.br/sisweb/sre/docs/RES_1138.doc>. Acesso em: 04 nov. 2010.

MARTINS, E. Contabilidade versus fluxo de caixa. **Caderno de Estudos da Fipecafi**, São Paulo, Fipecafi, n. 20, p. 1-10, jan./abr., 1999. Disponível em: <http://www.eac.fea.usp.br/cadernos/completos/cad02/contvs.pdf>. Acesso em: 17 nov. 2010.

Contabilizações especiais 5

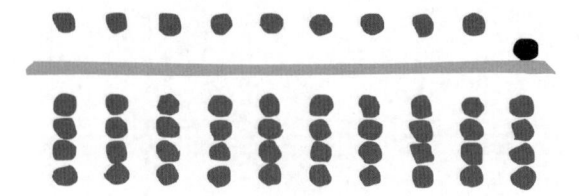

Conteúdos do capítulo:

- Ativos intangíveis.
- Ativos diferidos – novo tratamento.
- Valor justo (*fair value*).
- Ajuste a valor presente.
- Redução ao valor recuperável de ativos.

Após o estudo deste capítulo, você será capaz de:

1. compreender o conceito e a composição do subgrupo **Intangível**;
2. entender o novo tratamento a ser dado aos ativos lançados no subgrupo **Diferido**;
3. compreender o conceito de valor justo (*fair value*), valor presente e valor recuperável e seus reflexos nas demonstrações contábeis.

Neste capítulo, iremos apresentar a nova visão contábil após a edição das Leis nº 11.638, de 28 de dezembro de 2007, e nº 11.941, de 27 de maio de 2009, e a emissão dos pronunciamentos contábeis, em alguns casos específicos: ativos intangíveis; ativos diferidos – novo tratamento; essência econômica sobre a forma jurídica; valor justo (*fair value*); ajuste a valor presente; e redução ao valor recuperável de ativos.

5.1 Ativos intangíveis

O subgrupo dos ativos intangíveis foi incluído no BP, no grupo do ativo não circulante, por meio da Lei nº 11.638/2007. A nova redação do art. 179 da Lei nº 6.404/1976 passou a contar com o intangível, em que são registrados "os direitos que tenham por objeto bens incorpóreos destinados à manutenção da companhia ou exercidos com essa finalidade, inclusive o fundo de comércio adquirido".

Hendriksen e Van Breda (1999, p. 388) expõem que "a palavra intangível vem do latim *tangere*, ou 'tocar'. Os bens intangíveis, portanto, são bens que não podem ser tocados, porque não têm corpo". Assim, os ativos intangíveis são os bens que não podem ser tocados por não possuírem propriedade física, ou seja, são bens incorpóreos.

Antes da Lei nº 11.638/2007, os ativos intangíveis eram classificados no imobilizado, que, a partir da edição dessa lei, passou a contar apenas com bens corpóreos "destinados à manutenção das atividades da companhia ou da empresa ou exercidos com essa finalidade". Nas empresas de capital aberto, o subgrupo do intangível já se encontrava regulado pela Deliberação nº 488, de 3 de outubro de 2005, da CVM.

Marion (2009, p. 361) expõe que

> um Ativo intangível deve ser reconhecido no balanço se, e apenas se: a) for provável que os benefícios econômicos futuros esperados atribuíveis ao Ativo sejam gerados em favor da entidade; b) o custo do Ativo puder ser mensurado com segurança; e c) for identificável e separável, ou seja, puder ser separado da entidade e vendido, transferido, licenciado, alugado ou trocado, seja individualmente ou em conjunto com um contrato, Ativo ou Passivo relacionado.

O Pronunciamento Técnico nº 04 do Comitê de Pronunciamentos Contábeis (CPC-04), aprovado pela Deliberação nº 553, de 12 de novembro de 2008, da CVM, estabelece que um ativo é identificável na definição de um ativo intangível quando for separável da entidade e vendido, transferido, licenciado, alugado ou trocado. Desta forma, além da identificação, controle e benefícios econômicos futuros gerados para a empresa, um ativo intangível deve ser separável da entidade.

O *goodwill* formado pela diferença entre o valor de mercado (valor pago na compra) e o valor contábil da empresa deve ser contabilizado com o nome de *Ágio pago por expectativa de rentabilidade futura*, tendo em vista que, por ser adquirido em uma combinação de negócio, não pode ser identificado individualmente nem reconhecido separadamente. Porém, o *goodwill* a ser registrado é somente aquele adquirido de terceiro pela compra da empresa, o *goodwill* gerado internamente não pode ser contabilizado.

A avaliação dos direitos registrados no grupo intangível é feita pelo custo de aquisição, seu custo histórico. Os intangíveis que possuem vida útil econômica em função de prazos legais e contratuais de uso devem sofrer amortização.

5.2 Ativos diferidos: novo tratamento

Os ativos diferidos foram extintos pela Lei nº 11.941/2009; entretanto, seu estudo faz-se necessário, tendo em vista que esse grupo permanece, ainda, em balanços de muitas empresas até a sua amortização total. Originalmente, nos termos do inciso V do art. 179 da Lei nº 6.404/1976, eram classificadas no ativo diferido "as aplicações de recursos em despesas que contribuirão para a formação do resultado de mais de um exercício social, inclusive os juros pagos ou creditados aos acionistas durante o período que anteceder o início das operações especiais".

Com base no dispositivo legal, ao longo dos anos foram lançadas no ativo diferido todas as contas que contribuíam para o resultado de mais de um exercício social, a exemplo dos gastos com pesquisas e desenvolvimento de novos produtos, gastos pré-operacionais e de implantação e, ainda, os de reorganização, de propaganda e promoção, de pesquisa de *marketing*, custo de treinamentos e diversos que contribuíam para mais de um exercício social.

Tendo em vista a abrangência do ativo diferido, a Lei nº 11.638/2007, embora mantivesse o referido grupo, tentou restringi-lo ao estabelecer que devem ser classificadas no subgrupo diferido "as despesas pré-operacionais e os gastos de reestruturação que contribuirão, efetivamente, para o aumento do resultado de mais de um exercício social e que não configurem tão somente uma redução de custos ou acréscimo na eficiência operacional".

Ao revogar o dispositivo que estabelecia o ativo diferido, a Lei nº 11.941/2009 preocupou-se com o saldo existente na conta. Assim, por meio do art. 38, a Lei nº 11.941/2009 acrescenta o art. 299-A à Lei nº 6.404/1976, estabelecendo: "o saldo existente em 31 de dezembro de 2008 no ativo diferido que, pela sua natureza, não puder ser alocado a outro grupo de contas, poderá permanecer no Ativo sob essa classificação até a sua completa amortização".

Assim, a partir da Lei nº 11.941/2009, o ativo diferido não pode receber novos lançamentos, exceto sua respectiva amortização. As contas que estavam classificadas no ativo diferido na data de 31 de dezembro de 2008 devem ser, quando for o caso, reclassificadas em outros grupos de contas, a exemplo do intangível, que possui a mesma característica de intangibilidade. Aqueles gastos que não se classificam como intangível devem ser baixados diretamente como despesas.

Ressaltamos que não se caracterizam como ativos intangíveis os gastos decorrentes de pesquisa de novos produtos, pesquisa de mercado, pré--operacionais, gastos com treinamentos, publicidade e reorganização da entidade. Esses gastos não se caracterizam como intangíveis, pois não possuem as características básicas de um ativo intangível.

Algumas empresas optaram pela amortização de uma só vez em 31 de dezembro de 2008; outras, porém, decidiram manter o grupo até a sua total amortização, que, pela Lei das Sociedades por Ações, não pode ultrapassar dez anos a partir do seu lançamento.

5.3 Valor justo (*fair value*)

Para Lisboa e Scherer (2000, p. 68), o termo *fair value* representa "um valor justo para determinada transação. Entretanto, a noção do que é justo envolve juízo de valores, de tal forma que, o que é justo para determinadas pessoas, pode não ser para outras".

Assim, o conceito de **valor justo** possui certo grau de subjetividade, visto que contempla a noção de valor. Para diminuir a subjetividade, faz-se necessário que a sua mensuração observe as normalizações existentes.

A Orientação Técnica nº 03 do CPC (OCPC-03), aprovada pela Resolução nº 1.199/2009 do CFC, determina que o valor justo é "o montante pelo qual um ativo poderia ser trocado, ou um passivo liquidado, entre partes independentes com conhecimento do negócio e interesse em realizá-lo, em uma transação em que não há favorecidos". Dessa forma, para obter o valor justo, a transação não pode favorecer qualquer uma das partes. Para obter o valor justo, é necessário que vendedor e comprador possuam amplo conhecimento do negócio e disposição para negociar.

> O valor justo visa demonstrar o valor de mercado de determinado Ativo ou Passivo; na impossibilidade disso, devemos demonstrar o provável valor obtido pela comparação com outros Ativos e Passivos que tenham valor de mercado; na impossibilidade também dessa alternativa, demonstrar o provável valor por utilização do ajuste a valor presente dos valores estimados futuros de fluxos de caixa vinculados a esse Ativo ou Passivo; finalmente, na impossibilidade dessas alternativas, pela utilização de fórmulas econométricas reconhecidas pelo mercado (Pronunciamento Técnico nº 12 do Comitê de Pronunciamentos Contábeis (CPC-12), aprovado pela Deliberação nº 564/2008 da CVM).

O reconhecimento do valor justo pode ser positivo ou negativo, dependendo da variação do valor justo para cima ou para baixo, em ambos os casos, a contrapartida do valor justo deve ser lançada à conta de Ajustes de avaliação patrimonial, no PL.

A conta Ajuste de avaliação patrimonial foi introduzida pelas Leis nº 11.638/2007 e nº 11.941/2009; ambas promoveram alterações na Lei nº 6.404/1976 com relação ao grupo do PL. Com as alterações, o parágrafo 3º do art. 182 da Lei nº 6.404/1976 passou a constar com a seguinte redação:

> Serão classificadas como ajustes de avaliação patrimonial, enquanto não computadas no resultado do exercício em obediência ao regime de competência, as contrapartidas de aumentos ou diminuições de valor atribuídos a elementos do Ativo e do Passivo, **em decorrência da sua avaliação a valor justo, nos casos previstos nesta Lei ou, em normas expedidas pela Comissão de Valores Mobiliários** [...]. (grifo nosso)

Ainda pelo parágrafo 3º do art. 182 da Lei nº 6.404/1976, os ajustes de avaliação patrimonial ficam restritos aos casos previstos em lei e, também, às normas expedidas pela CVM.

5.4 Ajuste a Valor Presente (AVP)

Valor presente refere-se a uma série que indica quanto valem os pagamentos ou recebimentos na data atual. Para chegar ao valor presente, que equivale a todos os lançamentos da série, é preciso somar os valores presentes de cada desembolso ou recebimento. Para encontrar o valor presente, é preciso aplicar a fórmula:

$$vp = \Sigma \frac{VF}{(1+i)^n}$$

O AVP a ser feito nos itens patrimoniais, tendo como base o CPC-12, abrange as contas do ativo e do passivo, em especial as decorrentes de operações de longo prazo. Nos termos do referido CPC-12, considera-se valor presente (*present value*) a estimativa do valor corrente de um fluxo de caixa futuro, no curso normal das operações da entidade.

Sendo assim, os ativos e passivos devem ser ajustados a valor presente considerando as taxas de desconto que representem o valor do dinheiro no tempo e, ainda, os riscos específicos do ativo e do passivo. Dessa forma, a quantificação do AVP deve ser realizada em base exponencial *"pro rata die"*, a partir da origem de cada transação, sendo os seus efeitos apropriados nas contas a que se vinculam (CPC-12).

De acordo com Neves e Viceconti (2009), "para se calcular o valor presente de um ativo é necessário multiplicar o valor contabilizado (preço justo ou custo de aquisição) por um fator de valor atual representado pela expressão $[1/(1+i)^n]$, onde i representa a taxa de juros de mercado e n o prazo".

Neves e Viceconti (2009) apresentam um caso prático em que o valor do ativo é de R$ 500.000,00, a vida útil é de 5 anos e a taxa anual de juros do mercado é de 6% ao ano.

Valor contabilizado de um ativo de 5 anos	R$ 500.000,00
Taxa anual de juros de mercado	6%
Valor Presente do Ativo [500.000,00 ÷ $(1 + 0,06)^5$]	R$ 376.630,00*

* R$ 500.000,00 × 0,74726 = R$ 376.630,00.

A contabilização deverá ser feita com a criação de uma conta redutora do ativo, denominada *Ajuste a Valor Presente (AVP)*, sendo que a contrapartida será uma conta devedora de resultado, chamada de *Resultado de Ajustes a Valor Presente*.

5.5 Redução do valor recuperável de ativos

A redução ao valor recuperável de ativos efetuada por meio do chamado *Impairment Test*, ou teste de imparidade, foi introduzida no art. 183 da Lei nº 6.404/1976 por meio da Lei nº 11.638/2007, que estabelece:

[...] § 3º A companhia deverá efetuar, periodicamente, análise sobre a **recuperação dos valores** registrados no **imobilizado**, no **intangível** e no **diferido**, a fim de que sejam:

I – registradas as perdas de valor do capital aplicado quando houver decisão de interromper os empreendimentos ou atividades a que se destinavam ou quando comprovado que não poderão produzir resultados suficientes para recuperação desse valor; ou

II – revisados e ajustados os critérios utilizados para determinação da vida útil econômica estimada e para cálculo da depreciação, exaustão e amortização. (grifo nosso).

A tradução da palavra *impairment* para o português é a *prejuízo, diminuição, enfraquecimento*. Dessa forma, a acepção da palavra já indica que

O teste de imparidade tem a finalidade de assegurar que os ativos não estejam registrados contabilmente por um valor superior àquele passível de ser recuperado no tempo por uso nas operações da entidade ou em sua eventual venda (Pronunciamento Técnico nº 01 do CPC (CPC-01), aprovado pela Deliberação nº 639, de 7 de outubro de 2010, da CVM).

> *Quando um ativo dever ser reduzido ao seu valor recuperável?*

Se, e somente se, o valor recuperável de um ativo for menor do que seu valor contábil, o valor contábil deve ser reduzido ao seu valor recuperável. Essa redução representa uma perda por desvalorização do ativo (CPC-01).

Para Neves e Viceconti (2009), o *Impairment Test* tem como objetivo reconhecer as perdas do capital aplicado e dos ajustes da vida útil econômica estimada dos referidos bens, com o objetivo de proporcionar a correta avaliação patrimonial, ou seja, representar a realidade patrimonial.

O CPC-01 define valor recuperável como o maior valor entre o preço líquido de venda do ativo e o seu valor em uso. Caso um desses valores exceda o valor contábil do ativo, não haverá desvalorização nem necessidade de estimar outro valor. O valor contábil de um ativo não pode estar registrado por um valor superior ao valor que obteria em sua venda ou em sua utilização. Sendo esse valor superior, deve ser reconhecida a perda por desvalorização do ativo contra o resultado do período.

Figura 5.1 – Valor recuperável

VALOR LÍQUIDO CONTÁBIL	comparado com	VALOR RECUPERÁVEL ↓ maior valor entre Valor líquido de venda / Valor em uso

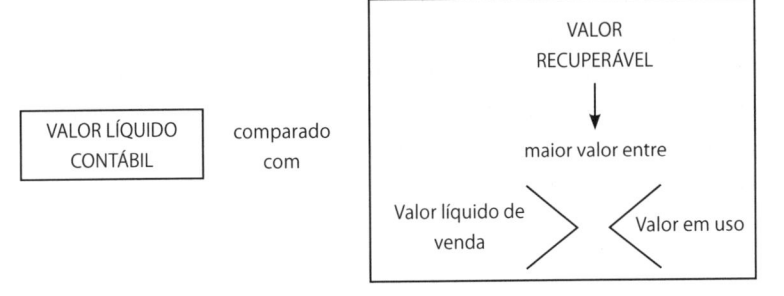

FONTE: Adaptado de Ernst & Young, 2008[1].

O valor recuperável de um ativo, nos termos do CPC-01, é o maior valor entre o valor líquido de venda de um ativo e o seu valor em uso, sendo que **valor líquido de venda** é o valor obtido pela venda menos as despesas

---

[1] O trabalho desenvolvido pela Ernst & Young foi revisado pelos professores da Fundação Instituto de Pesquisas Contábeis, Atuariais e Financeiras (Fipecafi) e elaborado para a Comissão de Valores Mobiliários (CVM).

estimadas para venda, e o **valor em uso** é o valor presente de fluxos de caixa futuros estimados.

> *O Impairment Test é feito em todos os ativos?*

Não. A Lei nº 11.638/2007 estabelece que "a companhia deverá efetuar, periodicamente, análise sobre a recuperação dos valores registrados no Imobilizado, no Intangível e no Diferido". Os demais ativos não passam pelo teste de imparidade.

Assim, se houver evidências claras de que um ativo está registrado na contabilidade por valor superior ao recuperável no futuro, a entidade deve reconhecer essa desvalorização por meio da constituição de provisão para perdas. A avaliação deve ocorrer, ao menos, por ocasião da elaboração das demonstrações contábeis anuais.

Síntese

No **Intangível**, subgrupo do **Ativo não circulante**, são lançados todos os bens incorpóreos destinados à manutenção da companhia ou exercidos com essa finalidade, inclusive o fundo de comércio adquirido. O subgrupo **Diferido**, por sua vez, foi extinto pela Lei nº 11.941/2009, porém permanece em alguns balanços até a sua total amortização. Entretanto, essa conta não recebe mais lançamentos, à exceção da amortização e da perda em decorrência do teste de recuperabilidade do ativo. Outro elemento analisado neste capítulo foi o princípio da essência econômica sobre a forma jurídica, que direciona a atenção do contador para o correto registro dos efeitos econômicos das transações no balanço, a fim de permitir aos usuários da informação a visualização da verdadeira posição patrimonial. Da mesma forma, o reconhecimento do valor justo, do valor presente e do valor recuperável no BP visa manter as informações contábeis o mais próximos possível da realidade, a fim de permitir a correta tomada de decisão por parte dos usuários de tais informações.

Exercícios resolvidos

1. Este exercício trata do valor recuperável de ativos, tendo sido adaptado da obra de Neves e Viceconti (2009). Vamos imaginar que uma máquina inserida no ativo imobilizado tenha sido adquirida por R$ 180.000,00,

que é seu custo histórico. Esse bem sofreu depreciação no valor de R$ 90.000,00. Se essa máquina fosse vendida, a empresa obteria uma receita de R$ 82.000,00, mas apresentaria um custo estimado de venda no valor de R$ 2.000,00. Entretanto, se a opção for continuar a utilizar essa máquina no processo produtivo, ela possivelmente irá gerar um fluxo de caixa anual de R$ 21.000,00, por 5 anos, porém, para trazer esse fluxo de caixa a valor presente (fluxo de caixa descontado), deve ser aplicada uma taxa de desconto de 10%. Qual é o valor da perda a ser registrada?

Solução:

Primeiro, precisamos apurar o valor líquido contábil do bem, obtido considerando seu custo histórico (custo de compra) menos a depreciação acumulada, que é:

Valor líquido contábil
Valor do ativo: 180.000,00
(-) Depreciação acumulada: 90.000,00
(=) Custo contábil: 90.000,00

Após apurar o valor líquido contábil, o próximo passo é apurar:
a) o valor líquido de venda do bem, obtido por meio do valor da venda menos as despesas estimadas com vendas;
b) o valor em uso, obtido por meio do valor presente de fluxos de caixa futuros estimados, utilizando a seguinte fórmula:

$$vp = \Sigma \frac{VF}{(1 + i)^n}$$

Valor líquido de venda (a)	Valor em uso (b)
Valor de venda: 82.000,00	Receitas anuais: 21.000,00
(-) Custo de venda: 2.000,00	Taxa de desconto: 10%
(=) Valor líquido de venda: 80.000,00	**Fluxo de caixa descontado: 79.606,53**

Se a regra para registrar a perda do bem em virtude do seu valor recuperável considera o valor contábil líquido (R$ 90.000,00) menos o

maior valor obtido entre o valor líquido de venda (R$ 80.000,00) e o seu valor em uso (R$ 79.606,53), o valor da perda é de R$ 10.000,00, (90.000,00 − 80.000,00).

A partir da apuração do valor, a contabilização da perda é feita da seguinte forma:

D – Perdas com Ativos (conta de Resultado)	R$ 10.000,00
C – Provisão para Perdas com Ativos	R$ 10.000,00

A perda apurada é registrada como conta retificadora do ativo que lhe deu origem.

2. Este exercício trata do valor justo, tendo sido construído com base na obra de Neves e Viceconti (2009). Vamos considerar uma aplicação de recursos em aplicação financeira com vencimento em 180 dias, ou seja, de curto prazo. O valor aplicado foi de R$ 100.000,00 a uma taxa prefixada de 10% ao semestre. No vencimento dos 180 dias, a aplicação financeira valerá R$ 110.000,00. Porém, ao final do primeiro mês observa-se uma elevação dos juros de mercado de 10% para 12%. Pergunta-se: Qual é o valor justo da aplicação financeira?

Solução:

Primeiro, precisamos calcular a transação para o registro no momento da aplicação. Considerando o valor aplicado de R$ 100.000,00 e a taxa de 10% ao semestre, e, ainda, considerando que a aplicação financeira rende diariamente, no final do trigésimo dia valerá R$ 101.601,20, valor obtido pelo seguinte cálculo: [110.000,00 / (1,10)$^{150/180}$].

Primeiramente, devemos lançar contabilmente o valor aplicado de R$ 100.000,00.

D – Aplicação Financeira	R$ 100.000,00
C – Aplicação Financeira (AC)	R$ 100.000,00

No final do primeiro mês, a aplicação feita a uma taxa de 10% valerá R$ 101.601,20. Dessa forma, foi apurado um rendimento no valor de R$ 1.601,20, que deve ser reconhecido contabilmente com o seguinte lançamento:

D – Aplicação Financeira	R$ 1.601,20
C – Receita Financeira	R$ 1.601,20

Porém, nesta data, o valor da taxa de mercado se eleva para 12% ao semestre. Como a taxa de juros está prefixada em 10%, o valor justo da aplicação financeira não é o valor de negociação, mas sim o valor de mercado atual, ou seja, considerando os juros de 12%. O rendimento considerando o valor atual da aplicação financeira é de R$ 100.087,00, isto é, [110.000,00 × $(1,12)^{150/180}$].

Assim, o valor justo da aplicação financeira é de R$ 100.087,00 e não o valor registrado com a aplicação financeira no final do primeiro mês, que era de R$ 101.601,20. Para ajustar o valor registrado, é preciso fazer um ajuste na contabilidade no valor de R$ 1.514,20 (R$ 101.601,20 – R$ 100.087,00) a partir do seguinte lançamento:

D – Ajuste de Avaliação Patrimonial (PL)	R$ 1.514,20
C – Aplicação Financeira (AC)	R$ 1.514,20

O valor de R$ 1.514,20 refere-se a um estorno parcial da valorização do título inicial de R$ 1.601,20, cuja valorização justa é de R$ 87,00. Esses valores não transitam pela conta de resultado porque o efeito nessa conta somente será reconhecido na ocasião da alienação efetiva do instrumento financeiro.

Questões para revisão

1. No que consiste o *Impairment Test?*
2. Qual é a diferença entre o valor justo e o valor recuperável?
3. O que deve ser classificado na conta Ajustes de avaliação patrimonial?
4. O valor justo e o valor presente se equiparam?

Para saber mais

Selecionamos duas obras para aprofundar seus conhecimentos sobre valor justo, tema emergente para a maioria dos profissionais contábeis.

GARCIA, E. et al. A importância da divulgação contábil mensurada ao *fair value*. **Ciências Sociais em Perspectiva**, v. 6, n. 11, p. 127-138, 2º sem. 2007. Disponível em: <http://e-revista.unioeste.br/index.php/ccsaemperspectiva/article/view/1505/1223>. Acesso em: 14 ago. 2010.

LISBOA, L. P.; SCHERER, L. M. Fair value accounting e suas implicações nas atividades agropecuárias. **Revista Brasileira de Contabilidade**, Brasília, ano XXIV, n. 126, p. 66-83, nov./dez. 2000.

Parecer dos auditores independentes, relatório da administração e notas explicativas

6

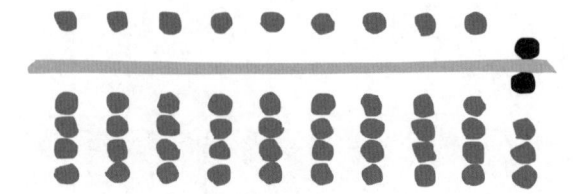

Conteúdos do capítulo:

- Conceitos e objetivos do parecer da auditoria.
- Notas explicativas.
- Relatório da administração.
- Evidenciação de caráter qualitativo e descritivo.
- Aspectos legais.

Após o estudo deste capítulo, você será capaz de:

1. elaborar notas explicativas para as demonstrações contábeis;
2. conhecer a evidenciação do parecer da auditoria e sua finalidade;
3. reconhecer os tipos de pareceres emitidos pelos auditores;
4. conhecer a evidenciação do relatório da administração e sua finalidade.

O parecer dos auditores independentes, o relatório da administração e as notas explicativas são evidenciações obrigatórias complementares, que não detêm o mesmo *status* do BP, da DRE, da DLPA, da DMPL e da DFC. No entanto, são capazes de fornecer uma série de informações importantes para a tomada de decisão do usuário. O parecer da auditoria, em linhas gerais, confere um caráter de confiabilidade ao demonstrativo analisado; as notas explicativas detalham informações impossíveis de serem discernidas nos relatórios tradicionais; e o relatório da administração enfatiza informações de caráter qualitativo.

6.1 Parecer da auditoria

A auditoria, de acordo com Franco e Marra (2000, p. 30), é uma técnica contábil que se destina a examinar a escrituração e as demonstrações contábeis a fim de confirmar se foram executadas de forma adequada.

Esse procedimento dá credibilidade ao produto da contabilidade, que é o fornecimento de informações.

O parecer dos auditores é previsto pela Lei das Sociedades por Ações em seu art. 177, parágrafo 3º, o qual menciona que: "As demonstrações financeiras das companhias abertas observarão, ainda, as normas expedidas pela Comissão de Valores Mobiliários e serão obrigatoriamente submetidas a auditoria por auditores independentes nela registrados".

A auditoria, segundo Iudícibus e Marion (2007, p. 77), pode ser feita por um contador devidamente registrado nos órgãos de classe ou por uma empresa especializada. Os autores acreditam que a opinião de uma empresa de auditoria é normalmente mais confiável, principalmente porque há uma preocupação da empresa com relação à manutenção de sua reputação empresarial. A opinião do auditor informa se as demonstrações financeiras representam adequadamente as posições financeiras e patrimoniais da empresa na data do exame, também verifica se a elaboração dessas demonstrações obedeceu aos princípios fundamentais da contabilidade e se há uniformidade em relação ao exercício anterior.

O parecer dos auditores independentes, de acordo com o Ibracon, é o documento mediante o qual o auditor expressa sua opinião de forma clara e objetiva a respeito das demonstrações contábeis.

O parecer do auditor independente deve esclarecer, de acordo com Franco e Marra (2000, p. 519-520):

- a quem é dirigido o parecer;
- quais foram as demonstrações contábeis analisadas e suas datas de levantamento;
- a responsabilidade para com os dados analisados e não por sua elaboração;
- quais foram os procedimentos de auditoria adotados;
- se as demonstrações auditadas representam, ou não, adequadamente a situação patrimonial e financeira da empresa analisada, naquela data;
- o resultado de suas operações, as mutações de seu patrimônio líquido e a origem e aplicação dos recursos referentes àquele exercício;
- se foram observados os princípios de contabilidade na execução do exercício contábil analisado.

Hendriksen e Van Breda (1999, p. 529) apontam que o parecer dos auditores não é o lugar apropriado para divulgar as informações importantes sobre a empresa, mas funciona como método de divulgação de informações específicas, como:

1. os efeitos decorrentes da utilização de métodos alheios aos geralmente aceitos;

2. os efeitos provenientes da substituição de um método contábil por outro;

3. a diferença de opinião dos auditores e do cliente a respeito da aceitabilidade de um ou mais métodos contábeis utilizados nos relatórios.

Nesse parecer, o auditor discorre sobre a qualidade das demonstrações contábeis em relação a práticas contábeis geralmente aceitas, evidenciações e suas respectivas notas, bem como a respeito do conteúdo das demonstrações.

Para quais usuários se destina o parecer da auditoria?

O parecer normalmente é destinado aos acionistas e/ou à administração da entidade, mas também existe a possibilidade de ser dirigido somente ao contratante dos serviços.

Esses relatórios formais, quando apresentados de forma curta, são denominados *pareceres* e podem ser categorizados como:

- sem ressalva;
- com ressalva;
- adverso;
- com abstenção de opinião.

O **parecer sem ressalva**, também denominado de *limpo* ou *padrão*, é emitido nas seguintes circunstâncias, a saber: quando o exame é efetuado de acordo com as normas brasileiras de auditoria; quando as demonstrações financeiras são elaboradas de acordo com as práticas contábeis nacionais; e quando as demonstrações analisadas contêm todas as informações noticiadas necessárias (Almeida, 2010, p. 419).

Segundo Franco e Marra (2000, p. 523), o parecer sem ressalvas é composto basicamente por três parágrafos, cada um com as funções de:

- identificar as demonstrações contábeis e definir as responsabilidades da administração e dos auditores;
- definir a extensão do trabalho;
- expressar sua opinião sobre as demonstrações contábeis.

As situações que levam o auditor a emitir um parecer diferente do parecer-padrão são: limite no escopo do exame; parte do exame ter sido efetuado por outros auditores independentes; quando as demonstrações financeiras não são elaboradas de acordo com as práticas contábeis nacionais, e essas exporem as informações de forma inadequada; quando ocorre a falta de uniformidade na aplicação dos princípios contábeis; e ocorrer incertezas quanto ao efeito de eventos futuros (Almeida, 2010, p. 421).

No **parecer com ressalva**, a diferença reside no parágrafo de "opinião", que deve deixar clara a natureza da ressalva, fazendo referência à nota explicativa ou à demonstração contábil que motivou essa observação. Geralmente se utilizam as expressões "exceto por" e "com exceção de", entre outras. Em geral, os fatos que motivam a ressalva são provenientes de falta de comprovantes suficientes ou válidos, restrição ao alcance do exame, afastamento dos princípios de contabilidade, mudança nos princípios ou métodos de aplicação entre períodos e incertezas (Franco e Marra, 2000, p. 527-528).

O **parecer adverso** expressa que as demonstrações analisadas não expressam a realidade patrimonial e financeira da entidade. Nesse caso, em parágrafo especial, o auditor explicita todas as razões que o motivaram a dar tal parecer e na possibilidade de expressar os efeitos que essas razões podem refletir no resultado patrimonial, financeiro e econômico da entidade (Franco e Marra, 2000, p. 555).

Já no **parecer com abstenção de opinião**, o auditor declara em parágrafo especial intermediário as razões que o levaram a negar opinião sobre as demonstrações. Geralmente se faz uso desse parecer quando não há condições de realização de exame com o alcance necessário, que permita a formação de juízo suficiente para a formação de opinião sobre as demonstrações contábeis analisadas (Franco e Marra, 2000, p. 557).

6.2 Relatório da administração

No **relatório da administração**, também chamado de *relatório da diretoria*, são enfatizadas informações de caráter não monetário. De acordo com Iudícibus e Marion (2000, p. 75), as principais informações são: "dados estatísticos diversos; indicadores de produtividade; desenvolvimento tecnológico; a empresa situada no contexto socioeconômico; políticas diversas; expectativas em relação ao futuro; dados do orçamento de capital; projetos de expansão; desempenho em relação a concorrentes, entre outros."

Qual é a essência do relatório da administração?

Funciona como meio de divulgação do ponto de vista da empresa sobre as perspectivas do negócio.

Segundo Hendriksen e Van Breda (1999, p. 530), a sugestão da *Securities and Exchange Commission* (SEC), por meio do *Accounting Series Release* (ASR) 279, para conteúdo desse tipo de evidenciação contempla os seguintes itens:

- mudanças e eventos não financeiros ocorridos durante o ano e que afetam o funcionamento da empresa;
- expectativas a respeito do futuro do setor e da economia e o papel da empresa nessas expectativas;
- planos de crescimento e mudanças nas operações nos períodos seguintes; e
- o efeito esperado de investimentos correntes e previstos, bem como o esforço e a pesquisa na empresa.

Os autores alertam sobre a dificuldade de avaliar expectativas de eventos não financeiros e também sobre a tendência que as empresas têm em apresentar somente as expectativas positivas.

O Parecer de Orientação nº 15, de 28 de dezembro de 1987, emitido pela CVM, traz a título de recomendação uma relação dos itens passíveis de evidenciação no relatório da administração:

a) Descrição dos negócios, produtos e serviços: histórico das vendas físicas dos últimos dois anos e vendas em moeda de poder aquisitivo da data do encerramento do exercício social. Algumas empresas apresentam descrição e análise por segmento ou linha de produto, quando relevantes para a sua compreensão e avaliação.

b) Comentários sobre a conjuntura econômica geral: concorrência nos mercados, atos governamentais e outros fatores exógenos relevantes sobre o desempenho da companhia.

c) Recursos humanos: número de empregados no término dos dois últimos exercícios e *"turnover"* nos dois últimos anos, segmentação da mão de obra segundo a localização geográfica; nível educacional ou produto; investimento em treinamento; fundos de seguridade e outros planos sociais.

d) Investimentos: descrição dos principais investimentos realizados, objetivo, montantes e origens dos recursos alocados.

e) Pesquisa e desenvolvimento: descrição sucinta dos projetos, recursos alocados, montantes aplicados e situação dos projetos.

f) Novos produtos e serviços: descrição de novos produtos, serviços e expectativas a eles relativas.

g) Proteção ao meio ambiente: descrição e objetivo dos investimentos efetuados e montante aplicado.

h) Reformulações administrativas: descrição das mudanças administrativas, reorganizações societárias e programas de racionalização.

i) Investimentos em controladas e coligadas: indicação dos investimentos efetuados e objetivos pretendidos com as inversões.

j) Direitos dos acionistas e dados de mercado: políticas relativas à distribuição de direitos, desdobramentos e grupamentos; valor patrimonial das [sic] por ação, negociação e cotação das ações em Bolsa de Valores.

k) Perspectivas e planos para o exercício em curso e os futuros: poderá ser divulgada a expectativa da administração quanto ao exercício corrente, baseada em premissas e fundamentos explicitamente colocados, sendo que esta informação não se confunde com projeções por não ser quantificada.

l) Em se tratando de companhia de participações, o relatório deve contemplar as informações acima mencionadas, mesmo que de forma mais sintética, relativas às empresas investidas.

Esse parecer ressalta que essas sugestões não devem inibir a criatividade da administração em elaborar o seu relatório.

6.2.1 Aspectos legais do relatório da administração

A Lei nº 6.404/1976, em seu art. 176, discorrendo sobre as demonstrações financeiras, no parágrafo 4º, expõe que: "serão complementadas por notas explicativas e outros quadros analíticos ou demonstrações contábeis necessários para esclarecimento da situação patrimonial e dos resultados do exercício". Com base nisso, verificamos a necessidade de inserir o relatório da administração como parte das evidenciações obrigatórias, mesmo porque em diversos pontos a lei faz referência a esse tipo de relatório, inclusive inserindo os assuntos que nele devem ser explicitados.

O art. 55, em referência às debêntures, mais precisamente no parágrafo 2º, afirma que é "facultado à companhia adquirir debêntures de sua emissão, desde que por valor igual ou inferior ao nominal, devendo o fato constar do relatório da administração e das demonstrações financeiras".

Quanto aos acordos de acionistas, como preferências no processo de compra e venda de suas ações, exercício do direito a voto ou do controle, deverão constar neles a comunicação no relatório anual, a política de reinvestimento de lucros e a distribuição de dividendos, conforme explicita o art. 118, parágrafo 5º, da Lei nº 6.404/1976.

No art. 133, a respeito dos documentos da administração, são relacionados os relatórios que deverão estar disponíveis aos acionistas. Entre estes, consta o relatório da administração, que deverá conter informações a respeito dos negócios sociais e os principais fatos administrativos do exercício findo.

O art. 142 relaciona entre as competências do administrador a necessidade deste de se manifestar sobre o relatório da administração.

Outro assunto importante refere-se às participações em sociedades coligadas, controladas e controladoras. A Lei nº 6.404/1976, em seu art. 243, diz que o "relatório anual da administração deve relacionar os investimentos da companhia em sociedades coligadas e controladas e mencionar as modificações ocorridas durante o exercício".

6.3 Notas explicativas

As notas explicativas fazem parte do conjunto de evidenciações e, no Brasil, sua publicação pode ser considerada obrigatória, pois, de acordo com o parágrafo 4º do art. 176 da Lei nº 6.404/1976, "As demonstrações serão complementadas por notas explicativas e outros quadros analíticos ou demonstrações contábeis necessários para esclarecimento da situação patrimonial e dos resultados do exercício".

As notas explicativas têm por finalidade, segundo Iudícibus e Marion (2007, p. 74), complementar juntamente com outros quadros analíticos ou informes contábeis as demonstrações exigidas por lei, servindo como esclarecimento da situação patrimonial e dos resultados do exercício.

De acordo com Silva (2007, p. 39), as notas explicativas são parte integrante das demonstrações contábeis e devem divulgar as informações necessárias à adequada compreensão dos respectivos demonstrativos. Portanto, não se constituem em outro demonstrativo contábil, e, sim, em outra forma de evidenciação.

Segundo o CFC (1993, p. 58), "As notas explicativas podem ser expressas tanto na forma descritiva como em quadros analíticos, ou mesmo englobando outras demonstrações contábeis que forem necessárias ao melhor e mais completo esclarecimento das demonstrações contábeis".

No parágrafo 5º da Lei nº 6.404/1976, já observando a Lei nº 11.941/2009, consta o conteúdo que as notas deverão indicar:

I – apresentar informações sobre a base de preparação das demonstrações financeiras e das práticas contábeis específicas selecionadas e aplicadas para negócios e eventos significativos; (Incluído pela Lei nº 11.941, de 2009)

II – divulgar as informações exigidas pelas práticas contábeis adotadas no Brasil que não estejam apresentadas em nenhuma outra parte das demonstrações financeiras; (Incluído pela Lei nº 11.941, de 2009)

III – fornecer informações adicionais não indicadas nas próprias demonstrações financeiras e consideradas necessárias para uma apresentação adequada; e (Incluído pela Lei nº 11.941, de 2009)

IV – indicar: (Incluído pela Lei nº 11.941, de 2009)

a) os principais critérios de avaliação dos elementos patrimoniais, especialmente estoques, dos cálculos de depreciação, amortização e exaustão, de constituição de provisões para encargos ou riscos, e dos ajustes para atender a perdas prováveis na realização de elementos do ativo; (Incluído pela Lei nº 11.941, de 2009)

b) os investimentos em outras sociedades, quando relevantes (art. 247, parágrafo único); (Incluído pela Lei nº 11.941, de 2009)

c) o aumento de valor de elementos do ativo resultante de novas avaliações (art. 182, § 3º); (Incluído pela Lei nº 11.941, de 2009)

d) os ônus reais constituídos sobre elementos do ativo, as garantias prestadas a terceiros e outras responsabilidades eventuais ou contingentes; (Incluída pela Lei nº 11.941, de 2009)

e) a taxa de juros, as datas de vencimento e as garantias das obrigações a longo prazo; (Incluído pela Lei nº 11.941, de 2009)

f) o número, espécies e classes das ações do capital social; (Incluído pela Lei nº 11.941, de 2009)

g) as opções de compra de ações outorgadas e exercidas no exercício; (Incluído pela Lei nº 11.941, de 2009)

h) os ajustes de exercícios anteriores (art. 186, § 1º); e (Incluído pela Lei nº 11.941, de 2009)

i) os eventos subsequentes à data de encerramento do exercício que tenham, ou possam vir a ter, efeito relevante sobre a situação financeira e os resultados futuros da companhia. (Incluído pela Lei nº 11.941, de 2009)

Hendriksen e Van Breda (1999, p. 525) afirmam que "as notas explicativas devem ser utilizadas para o fornecimento de informações que não podem ser evidenciadas adequadamente no corpo das demonstrações sem reduzir sua clareza", porém os autores ressaltam que não se deve fazer uso destas com o intuito de substituir a classificação, a avaliação e a descrição apropriadas nas demonstrações.

Entre as vantagens de sua utilização, os autores apontam a possibilidade de apresentar informações qualitativas, permitem a divulgação de ressalvas e restrições aos itens contidos nas demonstrações, apresentam informações de forma detalhada e material quantitativo ou descritivo de importância secundária. Como desvantagens, as notas tendem a ser de difícil leitura e podem vir a ser ignoradas, as informações são mais difíceis de serem usadas para a tomada de decisão em relação aos relatórios estruturados e sua utilização em excesso poderá atrasar o processo de evidenciação de relatórios contábeis apropriados para as necessidades específicas (Hendriksen; Van Breda, 1999, p. 525).

Quanto ao conteúdo das notas explicativas, Hendriksen e Van Breda (1999, p. 526-528) sugerem tratar das políticas e mudanças contábeis, sobre os direitos preferenciais dos credores, dos ativos e passivos contingentes, das restrições a pagamentos de dividendos, dos direitos dos acionistas, contratos executórios e entidades associadas.

Para o CPC-26, as notas devem

> "apresentar informação acerca da base para a elaboração das demonstrações contábeis e das políticas contábeis específicas utilizadas pela entidade, para divulgar a informação requerida pelas normas, interpretações e comunicados técnicos que não tenha sido apresentada nas demonstrações contábeis; e para prover informação adicional que não tenha sido apresentada nas demonstrações contábeis, mas que seja relevante para sua compreensão".

> O que é relevante dentro de uma entidade? O que é relevante do ponto de vista dos usuários internos e dos externos?

Somente o agente que interage com a entidade é capaz de responder a essas questões.

O CPC-26 também sugere a ordem em que os assuntos devem ser tratados. Vejamos:

a) declaração de conformidade com as normas, interpretações e comunicados técnicos do CFC;
b) resumo das políticas contábeis significativas aplicadas;
c) informação de suporte de itens apresentados nas demonstrações contábeis pela ordem em que cada demonstração e cada rubrica sejam apresentadas; e
d) outras divulgações, incluindo: Passivos Contingentes e compromissos contratuais não reconhecidos; e divulgações não financeiras, por exemplo, os objetivos e políticas de gestão do risco financeiro da entidade.

Não é necessário seguir essa sequência de forma rígida, ela serve apenas como orientação.

O CPC-26 orienta que cada informação incluída como nota explicativa tenha referência cruzada com os demonstrativos contábeis publicados.

A base para a elaboração das demonstrações contábeis compreende informações como os critérios de mensuração dos ativos e dos passivos (valor justo, custo corrente, custo histórico...). Isso ajudará o usuário a compreender como os valores registrados foram gerados, em comparação com outra companhia. Ao divulgarmos as políticas contábeis, também devemos pensar no usuário, se essa informação facilitará o entendimento do que foi evidenciado ou simplesmente o fará ficar mais confuso.

Síntese

O parecer dos auditores é previsto pela Lei das Sociedades por Ações e objetiva informar se as demonstrações financeiras representam adequadamente as posições financeiras e patrimoniais da empresa na data do exame. Também verifica se a elaboração dessas demonstrações obedece aos princípios fundamentais da contabilidade e se há uniformidade em relação ao exercício anterior. Lembramos que existem quatro tipos de pareceres: sem ressalvas (limpo ou padrão), com ressalvas, adverso e com abstenção de opinião.

O relatório da administração é uma evidenciação descritiva, de caráter qualitativo, que tem como função o esclarecimento de alguns pontos mencionados pelas demonstrações contábeis de apresentação obrigatória. Apesar de a CVM emitir pareceres recomendando alguns itens a serem contemplados nesse relatório, estes não devem restringir sua elaboração. Geralmente, é um relatório atrativo por seu caráter descritivo. Contudo, se somente os aspectos positivos forem enfatizados, o relatório pode ser ignorado pelos usuários.

As notas explicativas apresentam-se tanto na forma **descritiva** como em **quadros analíticos**, e têm por objetivo esclarecer a situação patrimonial e dos resultados do exercício. Trazem à luz informações que não seriam possíveis de detalhar nos informes contábeis, por conta de seu formato sintético. Dessa forma, são utilizadas para ampliar o leque de informações sobre as condições de origem dos dados que culminaram nas evidenciações publicadas. Esse procedimento permite ao usuário, principalmente o externo, comparar não somente dados, mas as condições de cada empresa. Para bem informar, não podem ser extensas em demasia, pois podem ser ignoradas pelos usuários.

As evidenciações tradicionais, como o BP e a DRE, tendem a prender mais a atenção do usuário contábil, até mesmo pela possibilidade de reprodução de novas informações por meio de indicadores ou relatórios específicos. No entanto, por sua forma resumida e ordenada de informações, são incapazes de relatar informações detalhadas e qualitativas. Nesse sentido, as notas explicativas e o parecer da administração vêm complementar o conjunto de informações patrimoniais e econômicas da entidade. E, por fim, o parecer da auditoria confirma as informações contábeis ali apresentadas e lhes dá credibilidade.

Exercícios resolvidos

1. Quais são os pontos fracos da evidenciação dos relatórios da administração?

   Solução:

   Os usuários podem ter dificuldade em avaliar expectativas de eventos não financeiros, e a tendência que as empresas têm em apresentar somente as expectativas positivas pode gerar certa desconfiança por parte dos investidores.

2. Em caso de faltar alguma informação importante, não possível de constatação pelo auditor, que tipo de parecer deve ser emitido?

   Solução:

   No caso de impossibilidade de conferência física da informação, o auditor deverá emitir um parecer com ressalva. Este parecer deve ser emitido quando há discordância ou quando a restrição na extensão do trabalho não possui magnitude que requeira parecer adverso ou abstenção de opinião.

3. O que são as políticas contábeis que devem ser divulgadas pelas notas explicativas?

Solução:

Segundo o Pronunciamento Técnico nº 23 do CPC (CPC-23), aprovado pela Deliberação nº 592/2009 da CVM, políticas contábeis são os princípios, as bases, as convenções, as regras e as práticas específicas aplicados pela entidade na elaboração e na apresentação de demonstrações contábeis. Como exemplo, temos o critério utilizado para estabelecer o montante de créditos de liquidação duvidosa.

Questões para revisão

1. A respeito dos direitos dos acionistas, que tipo de informação o relatório da administração deve conter?

2. De acordo com o CPC-26, o que as notas explicativas devem apresentar?

3. Quais são os tipos de pareceres que podem ser emitidos?

Para saber mais

Para aprofundar seus estudos a respeito do parecer dos auditores independentes, do relatório da administração e das notas explicativas, leia:

CFC – Conselho Federal de Contabilidade. Resolução n. 1.185, de 15 de novembro de 2009. **Diário Oficial da União**, Brasília, DF, 15 nov. 2009. Disponível em: <http://www.cfc.org.br/sisweb/sre/docs/RES_750.doc>. Acesso em: 17 nov. 2010.

_____. Resolução n. 1.203, de 03 de dezembro de 2009. **Diário Oficial da União**, Brasília, DF, 03 dez. 2009. Disponível em: <http://www.cfc.org.br/sisweb/sre/docs/RES_1203.doc>. Acesso em: 17 nov. 2010.

Brasil. Ministério da Fazenda. Comissão de Valores Mobiliários. Deliberação n. 488, de 03 de outubro de 2005. **Diário Oficial da União**, Brasília, DF, 06 out. 2005. Disponível em: <http://www.cvm.gov.br/asp/cvmwww/atos/Atos_Redir.asp?Tipo=D&File=\deli\deli488.doc>. Acesso em: 04 nov. 2010.

Brasil. Ministério da Fazenda. Comissão de Valores Mobiliários. Parecer de Orientação n. 15, de 28 de dezembro de 1987. **Diário Oficial da União**, Brasília, DF, 08 jan. 1988. Disponível em: <http://www.cvm.gov.br/asp/cvmwww/atos/Atos_Redir.asp?Tipo=P&File=\pare\pare015.doc>. Acesso em: 04 nov. 2010.

IBRACON. **Norma e Procedimento de Auditoria 01**. Disponível em: <http://www.ibracon.com.br/publicacoes/resultado.asp?identificador=842>. Acesso em: 10 jun. 2010.

IUDÍCIBUS, S. de; MARTINS, E.; GELBCKE, E. R. **Manual de contabilidade das sociedades por ações**. 7. ed. São Paulo: Atlas, 2007.

Para concluir...

Pela presente obra, tivemos como objetivo apresentar as alterações editadas pelas Leis nº 11.638/2007 e nº 11.941/2009 em relação à Lei nº 6.404/1976 (Lei das Sociedades por Ações), a fim de oferecer a você um aprimoramento profissional e acadêmico.

Em cada um dos capítulos, buscamos apresentar, de maneira clara e objetiva, as principais alterações que influenciam a vida dos operadores da contabilidade, sem a pretensão de esgotar os debates a respeito dos assuntos em foco. Ao final de cada capítulo, apresentamos exercícios resolvidos que visavam orientar quanto ao procedimento da norma em vigor.

Cabe, por fim, ressaltar que observamos que algumas alterações editadas pelas referidas leis há tempos são temas de discussão entre os estudiosos da disciplina de teoria da contabilidade. Para estes, as ditas mudanças foram operacionalizadas de forma natural, porque muitas alterações editadas já eram de entendimento desses estudiosos.

Lista de siglas

ARE	Apuração do Resultado do Exercício
BP	Balanço Patrimonial
CFC	Conselho Federal de Contabilidade
CMV	Custo da Mercadoria Vendida
CPC	Comitê de Pronunciamentos Contábeis
CPV	Custo do Produto Vendido
CSP	Custo do Serviço Prestado
CVM	Comissão de Valores Mobiliários
Cofins	Contribuição para Financiamento da Seguridade Social
DFC	Demonstração de Fluxo de Caixa
DLPA	Demonstração dos Lucros ou Prejuízos Acumulados
DMPL	Demonstração de Mutações do Patrimônio Líquido
DRE	Demonstração de Resultado do Exercício
DVA	Demonstração do Valor Adicionado
Ibracon	Instituto de Auditores Independentes do Brasil
ICMS	Imposto sobre Circulação de Mercadorias e Serviços
LL	Lucro Líquido
NBC	Normas Brasileiras de Contabilidade
NBC-P	Normas Brasileiras de Contabilidade Profissional
NBC-T	Normas Brasileiras de Contabilidade Técnica
PEPS	Primeiro que entra primeiro que sai
PIS	Programa de Integração Social
PL	Patrimônio Líquido
S/A	Sociedade anônima

Referências

ALMEIDA, M. C. de. **Auditoria**: um curso moderno e completo. 7. ed. São Paulo: Atlas, 2010.

BRASIL. Lei n. 6.404, de 15 de dezembro de 1976. **Diário Oficial da União**, Brasília, DF, 17 dez. 1976. Disponível em: <https://www.planalto.gov.br/ccivil_03/Leis/L6404consol.htm>. Acesso em: 05 out. 2010.

_____. Lei n. 11.638, de 28 de dezembro de 2007. **Diário Oficial da União**, Brasília, DF, 28 dez. 2007. Disponível em: <http://www.planalto.gov.br/ccivil_03/_Ato2007-2010/2007/Lei/L11638.htm>. Acesso em: 1º jun. 2010.

_____. Lei n. 11.941, de 27 de maio de 2009. **Diário Oficial da União**, Brasília, DF, 28 mai. 2009a. Disponível em: <http://www.planalto.gov.br/ccivil_03/_Ato2007-2010/2009/Lei/L11941.htm#art37>. Acesso em: 1º jun. 2010.

BRASIL.MINISTÉRIO da Fazenda. Comissão de Valores Mobiliários. Deliberação n. 29, de 05 de fevereiro de 1986a. **Diário Oficial da União**, Brasília, DF, 13 fev. 1986. Disponível em: <http://www.cvm.gov.br/asp/cvmwww/atos/Atos_Redir.asp?Tipo=D&File=\deli\deli029.doc>. Acesso em: 04 nov. 2010.

_____. Deliberação n. 207, de 13 de dezembro de 1996. **Diário Oficial da União**, Brasília, DF, 27 dez. 1996a. Disponível em: <http://www.cvm.gov.br/asp/cvmwww/atos/Atos_Redir.asp?Tipo=D&File=\deli\deli207.doc>. Acesso em: 04 nov. 2010.

_____. Deliberação n. 488, de 03 de outubro de 2005. **Diário Oficial da União**, Brasília, DF, 06 out. 2005. Disponível em: <http://www.cvm.gov.br/asp/

cvmwww/atos/Atos_Redir.asp?Tipo=D&File=\deli\deli488.doc>. Acesso em: 04 nov. 2010.

BRASIL. Deliberação n. 539, de 14 de março de 2008. **Diário Oficial da União**, Brasília, DF, 17 mar. 2008a. Disponível em: <http://www.cvm.gov.br/asp/cvmwww/atos/Atos_Redir.aspTipo=D&File=\deli\deli539.doc>. Acesso em: 04 nov. 2010.

_____. Deliberação n. 553, de 12 de novembro de 2008. **Diário Oficial da União**, Brasília, DF, 14 nov. 2008b. Disponível em: <http://www.cvm.gov.br/asp/cvmwww/atos/Atos_Redir.asp?Tipo=D&File=\deli\deli553.doc>. Acesso em: 17 nov. 2010.

_____. Deliberação n. 554, de 12 de novembro de 2008. **Diário Oficial da União**, Brasília, DF, 14 nov. 2008c. Disponível em: <http://www.cvm.gov.br/asp/cvmwww/atos/Atos_Redir.asp?Tipo=D&File=\deli\deli554.doc>. Acesso em: 17 nov. 2010.

_____. Deliberação n. 557, de 12 de novembro de 2008. **Diário Oficial da União**, Brasília, DF, 17 nov. 2008d. Disponível em: <http://www.cvm.gov.br/asp/cvmwww/atos/Atos_Redir.asp?Tipo=D&File=\deli\deli557.doc>. Acesso em: 17 nov. 2010.

_____. Deliberação n. 564, de 17 de dezembro de 2008. **Diário Oficial da União**, Brasília, DF, 22 dez. 2008e. Disponível em: <http://www.cvm.gov.br/asp/cvmwww/atos/Atos_Redir.asp?Tipo=D&File=\deli\deli564.doc>. Acesso em: 17 nov. 2010.

_____. Deliberação n. 592, de 15 de setembro de 2009. **Diário Oficial da União**, Brasília, DF, 16 set. 2009b. Disponível em: <http://www.cvm.gov.br/asp/cvmwww/atos/Atos_Redir.asp?Tipo=D&File=\deli\deli592.doc>. Acesso em: 17 nov. 2010.

_____. Deliberação n. 595, de 15 de setembro de 2009. **Diário Oficial da União**, Brasília, DF, 16 set. 2009c. Disponível em: <http://www.cvm.gov.br/asp/cvmwww/atos/Atos_Redir.asp?File=\deli\deli595consolid.doc>. Acesso em: 04 nov. 2010.

_____. Deliberação n. 639, de 07 de outubro de 2010. **Diário Oficial da União**, Brasília, DF, 08 out. 2010a. Disponível em: <http://www.cvm.gov.br/asp/cvmwww/atos/Atos_Redir.asp?Tipo=D&File=\deli\deli639.doc>. Acesso em: 17 nov. 2010.

_____. Deliberação n. 641, de 07 de outubro de 2010. **Diário Oficial da União**, Brasília, DF, 08 out. 2010b. Disponível em: <http://www.cvm.gov.br/asp/cvmwww/atos/Atos_Redir.asp?Tipo=D&File=\deli\deli641.doc>. Acesso em: 17 nov. 2010.

_____. Instrução n. 59, de 22 de dezembro de 1986. **Diário Oficial da União**, Brasília, DF, 30 dez. 1986b. Disponível em: <http://www.cvm.gov.br/asp/cvmwww/atos/exiato.asp?Tipo=I&File=/inst/inst059.htm>. Acesso em: 04 nov. 2010.

_____. Parecer de Orientação n. 15, de 28 de dezembro de 1987. **Diário Oficial da União**, Brasília, DF, 08 jan. 1988. Disponível em: <http://www.cvm.gov.br/asp/cvmwww/atos/Atos_Redir.asp?Tipo=P&File=\pare\pare015.doc>. Acesso em: 04 nov. 2010.

BRASIL. Parecer de Orientação n. 29, de 11 de abril de 1996. **Diário Oficial da União**, Brasília, DF, 18 abr. 1996b. Disponível em: <http://www.cvm.gov.br/asp/cvmwww/atos/Atos_Redir.asp?Tipo=P&File=\pare\pare029.doc>. Acesso em: 04 nov. 2010.

BUZIAN, R. **DOAR e DFC**: conflitos conceituais. 93 f. Dissertação (Mestrado em Contabilidade) – Pontifícia Universidade Católica de São Paulo, São Paulo, 2008. Disponível em: <http://www.sapientia.pucsp.br//tde_busca/arquivo.php?codArquivo=8166>. Acesso em: 21 nov. 2010.

CFC – Conselho Federal de Contabilidade. **Estruturação de demonstrações contábeis**. 2. ed. Brasília, 1993a.

_____. Resolução n. 750, de 31 de dezembro de 1993b. Disponível em: <http://www.cfc.org.br/sisweb/sre/docs/RES_750.doc>. Acesso em: 17 nov. 2010.

_____. Resolução n. 774, de 16 de dezembro de 1994. Disponível em: <http://www.cfc.org.br/sisweb/sre/docs/RES_774.doc>. Acesso em: 04 nov. 2010.

_____. Resolução n. 1.025, de 09 de maio de 2005. Disponível em: <http://www.cfc.org.br/sisweb/sre/docs/RES_1025.doc>. Acesso em: 04 nov. 2010.

_____. Resolução n. 1.125, de 26 de agosto de 2008a. Disponível em: <http://www.cfc.org.br/sisweb/sre/docs/RES_1125.doc>. Acesso em: 04 nov. 2010.

_____. Resolução n. 1.138, de 28 de novembro de 2008b. Disponível em: <http://www.cfc.org.br/sisweb/sre/docs/RES_1138.doc>. Acesso em: 04 nov. 2010.

_____. Resolução n. 1.159, de 13 de fevereiro de 2009a. Disponível em: <http://www.cfc.org.br/sisweb/sre/docs/RES_1159.doc>. Acesso em: 04 nov. 2010.

_____. Resolução n. 1.185, de 15 de novembro de 2009b. Disponível em: <http://www.cfc.org.br/sisweb/sre/docs/RES_1185.doc>. Acesso em: 17 nov. 2010.

_____. Resolução n. 1.199, de 23 de novembro de 2009c. Disponível em: <http://www.cfc.org.br/sisweb/sre/docs/RES_1199.doc>. Acesso em: 17 nov. 2010.

_____. Resolução n. 1.203, de 03 de dezembro de 2009d. Disponível em: <http://www.cfc.org.br/sisweb/sre/docs/RES_1203.doc>. Acesso em: 17 nov. 2010.

_____. Resolução n. 1.282, de 28 de maio de 2010. Disponível em: <http://www.cfc.org.br/sisweb/sre/docs/RES_1282.doc>. Acesso em: 04 nov. 2010.

ERNST & Young. **Manual de normas internacionais de contabilidade**: IFRS versus Normas Brasileiras. São Paulo: Atlas, 2008.

FAVERO, H. L. et al. **Contabilidade**: teoria e prática. 4. ed. São Paulo: Atlas, 2006.

FRANCO, H. **A evolução dos princípios contábeis no Brasil**. São Paulo: Atlas, 1988.

FRANCO, H.; Marra, E. **Auditoria contábil**. 3. ed. São Paulo: Atlas, 2000.

GARCIA, E. et al. A importância da divulgação contábil mensurada ao fair value. **Ciências Sociais em Perspectiva**, Cascavel, v. 5, n. 11, p. 127-138, 2. sem. 2007. Disponível em: <http://e-revista.unioeste.br/index.php/ccsaemperspectiva/article/view/1505/1223>. Acesso em: 14 ago. 2010.

HENDRIKSEN, E. S.; Van Breda, M. F. **Teoria da contabilidade**. Tradução de Antonio Zoratto Sanvicente. 5. ed. São Paulo: Atlas, 1999.

IUDÍCIBUS, S. de. **Teoria da contabilidade**. 7. ed. São Paulo: Atlas, 2007.

IUDÍCIBUS, S. De; Marion, J. C. **Contabilidade comercial**: atualizado conforme o novo Código Civil. 7. ed. São Paulo: Atlas, 2006.

_____. **Curso de contabilidade para não contadores**: para as áreas de administração, economia, direito e engenharia. 5. ed. São Paulo: Atlas, 2008.

_____. **Introdução à teoria da contabilidade**: para o nível de graduação. 2. ed. São Paulo: Atlas, 2000.

_____. _____. 4. ed. São Paulo: Atlas, 2007.

IUDÍCIBUS, S. De; Martins, E.; Gelbcke, E. R. **Manual de contabilidade das sociedades por ações**. 7. ed. São Paulo: Atlas, 2007.

LEITE, H. de P. **Contabilidade para administradores**. São Paulo: Atlas, 1997.

LISBOA, L. P.; Scherer, L. M. Fair value accounting e suas implicações nas atividades agropecuárias. **Revista Brasileira de Contabilidade**, Brasília, ano XXIV, n. 126, p. 66-83, nov./dez. 2000.

LOPES, A. B.; Martins, E. **Teoria da contabilidade**: uma nova abordagem. São Paulo: Atlas, 2005.

LUCA, M. M. M. de. **Demonstração do Valor Adicionado**: do cálculo da riqueza criada pela empresa ao valor do PIB. São Paulo: Atlas, 1998.

MARION, J. C. **Contabilidade empresarial**. 15. ed. São Paulo: Atlas, 2009.

MARTINS, E. **Contabilidade versus fluxo de caixa**. Caderno de Estudos da Fipecafi, São Paulo, n. 20, p. 1-10, jan./abr. 1999. Disponível em: <http://www.eac.fea.usp.br/cadernos/completos/cad02/contvs.pdf>. Acesso em: 17 nov. 2010.

_____. **Uma geral na contabilidade**. Revista do Conselho Regional de Contabilidade do Rio Grande do Sul, Porto Alegre, v. 17, n. 53, p. 16-22, out. 1988.

MARTINS, E.; Lisboa, L. P. Ensaio sobre cultura e diversidade contábil. **Revista Brasileira de Contabilidade**, Brasília, n. 152, mar./abr. 2005.

NEVES, S. Das; Viceconti, P. E. V. **Contabilidade avançada**. São Paulo: Frase, 2001.

_____. **Contabilidade básica**. 14. ed. São Paulo: Frase, 2009.

SILVA, A. A. **Estrutura, análise e interpretação das demonstrações contábeis**. São Paulo: Atlas, 2007.

STARKE JUNIOR, P. C.; FREITAG, V. da C.; CROZATTI, J. Ensaio sobre as necessidades informacionais e o desenvolvimento da contabilidade. In: CONVENÇÃO ESTADUAL DOS CONTABILISTAS, 15., 2010, Cascavel. **Anais eletrônicos**... Cascavel: Conselho Regional de Contabilidade do Estado do Paraná, 2010. Disponível em: <http://www.crcpr.org.br/eventos/15convencao/trabalhosAprovados/09.pdf>. Acesso em: 1º jun. 2010.

Tinoco, J. E. P. Balanço social: uma abordagem da transparência e da responsabilidade pública das organizações. São Paulo: Atlas, 2001.

_____. **Balanço social**: uma abordagem socioeconômica da contabilidade. 1984. Dissertação (Mestrado em Contabilidade) – Departamento de Contabilidade e Atuária, Faculdade de Economia, Administração e Contabilidade, Universidade de São Paulo, São Paulo, 1984.

Respostas

Capítulo 1

1. Registro pelo valor original e denominador comum monetário.

2. Por conta do princípio da materialidade, o custo em levantar essa informação certamente será mais elevado do que o benefício de encontrar essa diferença.

3. Deve ser útil, prático e objetivo.

4. Os princípios contábeis funcionam como setas de direção que orientam os procedimentos na tarefa mais elementar da contabilidade, que é o registro dos atos e fatos da entidade.

Capítulo 2

1. É uma demonstração sintética e estática fornecida pela contabilidade.

2. As contas no ativo serão dispostas em grau decrescente de liquidez.

3. O objetivo da DRE é evidenciar os componentes utilizados pela entidade para formação do resultado em determinado exercício. Tanto a

Lei nº 6.404/1976, em seu art. 187, como o CPC-26 disciplinam a matéria quanto à apresentação e estrutura desse demonstrativo.

4. Princípio da receita em confrontação com a despesa.

Capítulo 3

1. O PL é formado por: capital social, reservas de capital, ajustes de avaliação patrimonial, reservas de lucros, ações em tesouraria e prejuízos acumulados. (Lei nº 11.638/2007)

2. Reservas de capital.

3. Considera-se como **lucro a realizar** o resultado líquido positivo da equivalência patrimonial e os lucros, ganhos ou rendimentos em operações cujo prazo de realização financeira ocorra após o término do exercício social seguinte.

4. Pela evidenciação da coluna lucros ou prejuízos acumulados.

Capítulo 4

1. A DFC tem como finalidade evidenciar para os usuários as transações ocorridas no caixa e no equivalente de caixa para que estes identifiquem como foram gerados os recursos de caixa e onde e como ocorreu o seu consumo. Permite, ainda, uma avaliação da capacidade de uma entidade gerar caixa e equivalentes de caixa, bem como da sua necessidade de liquidez.

2. A DFC pode ser apurada pelo método direto ou indireto. A diferença entre os dois métodos está relacionada, exclusivamente, à forma de apuração dos fluxos das atividades operacionais. No método direto, as atividades operacionais são divulgadas pelos recebimentos brutos e pagamentos brutos decorrentes das operações efetuadas no período. Pelo método indireto, as atividades operacionais são apuradas a partir do lucro/prejuízo do período, ajustado pelas transações que não transitaram pelo caixa.

3. A riqueza criada pela empresa representa as receitas obtidas pelo próprio esforço operacional ou pelo sacrifício de seus ativos – venda

de ativos fixos ou investimentos. A riqueza recebida de terceiros, por sua vez, refere-se à remuneração obtida de seu capital investido em terceiros, e não pelo esforço operacional da empresa.

4. Os beneficiários da riqueza distribuída são todos aqueles que contribuíram para a sua geração, entre os quais estão os empregados, o governo, os terceiros que colocaram à disposição da empresa o seu capital e que investiram recursos na empresa e, ainda, a própria empresa quando mantém lucros retidos.

Capítulo 5

1. O *Impairment Test* é o instrumento que objetiva testar a recuperabilidade do ativo, ou seja, encontrar o valor real líquido de realização de um ativo, seja pela venda, seja pelo uso. Tendo em vista que o valor contábil deve ser reduzido somente se o valor recuperável for inferior, o teste visa reconhecer a perda do ativo, evitando que um ativo esteja registrado como um valor maior do que o valor recuperável.

2. O valor justo é o valor pelo qual o ativo ou passivo pode ser vendido em uma transação sem favorecimentos de ambas as partes, uma transação justa. Já o valor recuperável representa quanto o ativo pode retornar para a empresa em fluxos de caixa futuros, seja na produção de bens, seja na venda do mesmo.

3. O parágrafo 3º do art. 182 da Lei nº 6.404/1976 determina que:

[...] § 3º Serão classificadas como ajustes de avaliação patrimonial, enquanto não computadas no resultado do exercício em obediência ao regime de competência, as contrapartidas de aumentos ou diminuições de valor atribuídos a elementos do ativo e do passivo, em decorrência da sua avaliação a valor justo, nos casos previstos nesta Lei, ou em normas expedidas pela Comissão de Valores Mobiliários [...].

Sendo assim, pode-se dizer que o ajuste de avaliação patrimonial a valor justo, no momento, é empregado: a) nas aplicações em instrumentos financeiros (Lei nº 6.404/1976, art. 183); b) nos ajustes de Ativos e Passivos ao valor justo no caso de incorporações, fusões e cisão (Lei nº 6.404/1976, art. 226, parágrafo 3º, e CPC-15); e c) nos ajustes determinados pela CVM.

4. De acordo com o CPC-12:

a aplicação do conceito de ajuste a valor presente nem sempre equipara o Ativo ou o Passivo a seu valor justo. Por isso, valor presente e valor justo não são sinônimos. Por exemplo, a compra financiada de um veículo por um cliente especial que, por causa dessa situação, obtenha taxa não de mercado para esse financiamento, faz com que a aplicação do conceito de valor presente com a taxa característica da transação e do risco desse cliente leve o Ativo, no comprador, a um valor inferior ao seu valor justo; nesse caso prevalece contabilmente o valor calculado a valor presente, inferior ao valor justo, por representar melhor o efetivo custo de aquisição para o comprador.

Capítulo 6

1. Dados referentes a políticas relativas à distribuição de direitos, desdobramentos e grupamentos; valor patrimonial por ação, negociação e cotação das ações em Bolsa de Valores. (Parecer de Orientação nº 15/1987 da CVM)

2. Informações acerca da base para a elaboração das demonstrações contábeis e das políticas contábeis específicas utilizadas pela entidade; divulgar a informação requerida pelas normas, interpretações e comunicados técnicos que não tenham sido apresentados nas demonstrações contábeis; e para prover informação adicional que seja relevante para sua compreensão. (Resolução nº 1.185/2009 do CFC)

3. Sem ressalvas, com ressalvas, adverso e com abstenção de opinião.

Sobre as autoras

Ely Célia Corbari formou-se, em 2000, como bacharel em Ciências Contábeis na Universidade Estadual do Oeste do Paraná – Unioeste. É especialista em Contabilidade e Gestão Estratégica (2002) e em Gestão Pública (2004) também pela Unioeste. Cursou mestrado em Contabilidade na Universidade Federal do Paraná – UFPR, concluindo-o em 2008. Atualmente, é funcionária do Tribunal de Contas do Estado do Paraná – TCE-PR e professora de graduação e pós-graduação em instituições de nível superior. Possui diversos artigos publicados na área de contabilidade.

Marinei Abreu Mattos Guarise formou-se, em 2004, como bacharel em Ciências Contábeis na Universidade Federal do Paraná – UFPR. Cursou mestrado pelo Programa de Pós-Graduação em Contabilidade da mesma instituição, concluindo-o em 2008. É professora adjunta do Departamento de Contabilidade da Faculdade Radial Curitiba – Estácio de Sá, lecionando as disciplinas de Contabilidade Básica, Geral II e Orçamento. É coordenadora dos cursos de pós-graduação, modalidade a distância, do Centro Universitário Uninter. Realiza pesquisas nas áreas de contabilidade gerencial e ensino de contabilidade, além de possuir diversos artigos publicados na área de contabilidade.

Viviane da Costa Freitag formou-se, em 2004, como bacharel em Ciências Contábeis na Universidade Estadual do Oeste do Paraná – Unioeste. Cursou mestrado pelo Programa de Pós-Graduação em Contabilidade da Universidade Federal do Paraná – UFPR, concluindo-o em 2008. Professora nos cursos de graduação e coordenadora do curso de Ciências Contábeis do Centro Universitário Uninter. Realiza pesquisas nas áreas de contabilidade gerencial, ensino em contabilidade e tópicos emergentes. É coautora do capítulo "Evidenciação contábil", do livro *Estudando teoria da contabilidade*, publicado pela Editora Atlas (2009), e possui diversos artigos publicados na área de contabilidade.

MISTO
Papel produzido a partir de fontes responsáveis
FSC® C051266

Impressão: Gráfica Exklusiva
Março/2022